SOCIÉTÉ EN COMMANDITE PAR ACTIONS

P. COUPRY Fils et Cⁱᵉ

CIMETIÈRES DE L'AVENIR

Systèm r: COUPRY Fils, Architecte à Nantes

Breveté S. G. D. G.

Diplôme d'honneur à l'Exposition d'Hygiène — Paris 1888

SIÈGE SOCIAL

3, RUE DE COUTANCES, 3, NANTES

P. COUPRY Fils, Directeur-Gérant

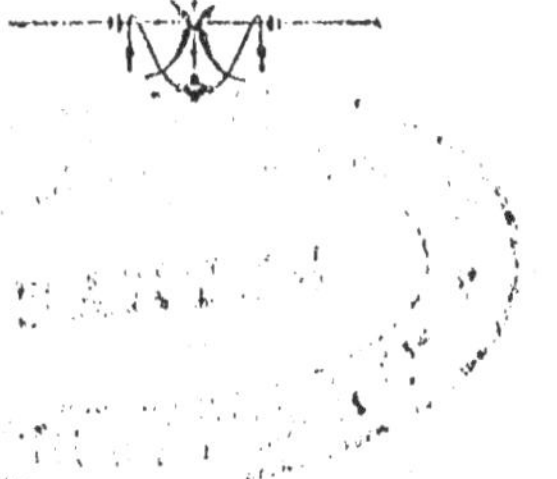

NANTES

IMPRIMERIE F. SALIÈRES

Rue du Calvaire, 10

1892

Imprimerie F. SALIÈRES, Rue du Calvaire, 10

SOCIÉTÉ EN COMMANDITE PAR ACTIONS

P. COUPRY Fils et Cⁱᵉ

CIMETIÈRES DE L'AVENIR

Système P. COUPRY Fils, Architecte à Nantes

Breveté S. G. D. G.

Diplôme d'honneur à l'Exposition d'Hygiène — Paris 1888

SIÉGE SOCIAL

3, RUE DE COUTANCES, 3, NANTES

NANTES

IMPRIMERIE F. SALIÈRES

Rue du Calvaire, 10

1892

Relations, Rapports et Procès-Verbaux

DES

Expériences concluantes faites officiellement à Saint-Nazaire et à Nantes

qui ont donné lieu à un rapport de MM. les Drs BROUARDEL, O. Du MESNIL et OGIER, délégués à cet effet par M. le Préfet de la Seine.

PRÉFACE

Avant de présenter à nos lecteurs les Relations et les Rapports des expériences concluantes faites officiellement à Saint-Nazaire et à Nantes, nous croyons utile, sinon indispensable, de faire en quelques mots l'historique des faits qui se sont passés depuis l'époque où nous nous sommes décidés à mettre au jour nos études et nos travaux sur l'importante question des cimetières jusqu'à ce jour.

C'est en 1888, à l'Exposition Internationale de Sauvetage et d'Hygiène, qui eut lieu au Palais de l'Industrie, à Paris, que nous commençâmes à mettre notre système en lumière par une participation à cette Exposition importante, à laquelle nous avons fait figurer des plans à grande échelle, des brochures et un spécimen de notre aménagement des fosses communes. La Commission qui eut à examiner notre exposition fut, dès ce moment, convaincue des services que notre système serait appelé à rendre et elle nous décerna la plus haute récompense: un Diplôme d'Honneur.

A la suite de cette Exposition, nous entrâmes en relation avec plusieurs grandes villes dont les cimetières se trouvent dans les plus mauvaises conditions à cause de l'eau qui envahit les fosses et les caveaux. Une objection bien naturelle nous était présentée, c'est que notre système n'avait pas été expérimenté et qu'alors, malgré toute la vraisemblance de son efficacité, il était indispensable aux Municipalités avant de l'adopter, que la preuve en fût faite.

Nous avons opté, pour faire nos expériences, pour la ville de Saint-Nazaire qui avait été, nous ne saurions trop l'en remercier, une des premières à nous proposer d'expérimenter notre système dans son cimetière, avec cette heureuse idée pratique et toute à l'honneur de l'Administration de cette ville de progrès, de convier à suivre ces expériences un grand nombre d'hommes compétents de toute la région, de les constituer, sous ses auspices, en une grande Commission, dont les travaux, faits publiquement et au grand jour, ne pourraient en aucun cas être soupçonnés de partialité. Que des expériences ainsi faites étaient appelées à trancher définitivement la question de savoir si oui ou non le système est bon ou mauvais.

Or, ces expériences ont eu lieu; elles ont duré depuis le 27 mars 1890, jour de la première réunion de la Commission, jusqu'en juin 1891, où elles furent closes avec le plus grand succès, puisqu'elles avaient été préparées pour durer trois années et que les résultats cherchés étaient acquis, prouvés et définitifs au bout de la première année.

L'importance de ces expériences, les services qu'elles auront pour conséquence de rendre à toutes les Municipalités, nous font un devoir de relater *in-extenso* tous les procès-verbaux et rapports auxquels elles ont donné lieu afin de permettre aux Administrations et aux personnes dévouées à la science et aux questions d'hygiène la satisfaction d'en suivre toutes les phases.

Dans cette idée, nous n'avions qu'à reproduire fidèlement dans leur ordre chronologique, tous ces documents auxquels il serait superflu d'ajouter aucun commentaire, mais nous avons dû renoncer à ce mode de publication et commencer par reproduire tout d'abord, c'est-à-dire en premier, le dernier document qui a clos les expériences de Saint-Nazaire ; nous avons même la conviction que la reproduction de ce document eût été suffisante, si nous avions pu perdre de vue le concours dévoué et éclairé que nous ont apporté tous les membres de la Commission qui ont bien voulu suivre ces travaux et qui nous font une obligation de les relater.

En effet, par suite d'une circonstance des plus heureuses, M. le Préfet de la Seine ayant eu connaissance des expériences faites à Saint-Nazaire, a bien voulu déléguer spécialement MM. les docteurs Brouardel, O. du Mesnil et Ogier pour lui faire un rapport sur ces expériences, estimant qu'elles étaient d'un haut intérêt public.

Avec leur dévoûment à tout ce qui concerne l'hygiène et la science humanitaire, ces Messieurs sont venus à Saint-Nazaire et ont procédé aux constatations relatées dans un substantiel rapport. C'est ce rapport que nous tenons et croyons devoir publier tout d'abord en premier fascicule à cause de sa haute importance et de l'autorité qui est si justement attachée aux noms de MM. Brouardel, O. du Mesnil et Ogier.

Notre premier fascicule ne contiendra donc que ce seul rapport ; le second fascicule publiera tous les autres documents qui intéresseront certainement les personnes qui voudront bien les lire. Enfin, c'est un témoignage de reconnaissance un souvenir que nous devons à la Municipalité de Saint-Nazaire : à M. Gasnier, maire; à MM. Dénghin et Corbineau, adjoints, ce dernier secrétaire de la Commission ; à M. Griffon du Bellay, vice-président du Conseil d'hygiène, et à tous les autres membres de la Commission et spécialement à M. Jamin, adjoint au Maire de Nantes, qui a obtenu, à la suite des expériences de Saint-Nazaire, un commencement d'application de notre système au Cimetière de Miséricorde; à M. Chevalier Architecte en chef de la ville de Cholet, délégué spécialement par M. le Maire de cette ville ; à M. Kerviller, ingénieur en chef des Ponts et Chaussées, membre du Conseil d'hygiène, etc., etc.

EXPÉRIENCES

De l'Aménagement spécial des Cimetières

Système P. COUPRY Fils, Architecte

Breveté S. G. D. G.

FAITES EN 1890-91

Sous les auspices de la Municipalité de Saint-Nazaire
et d'une Commission présidée par M. le Maire.

PREMIER FASCICULE

RAPPORT DE MM. LES DOCTEURS

BROUARDEL, doyen de la Faculté de Médecine de Paris;
O. Du MESNIL, directeur de l'Hospice de Vincennes;
et **OGIER**, directeur du Laboratoire de Toxicologie de la ville
de Paris,

spécialement délégués par M. le Préfet de la Seine.

RAPPORT

Depuis un demi-siècle, le développement considérable pris par l'industrie sur le continent a provoqué des modifications profondes dans la répartition de la population sur les différents points du territoire.

Grâce à la multiplicité et à la rapidité des moyens de communication, les individus autrefois fixés au sol qui les avait vu naître, se sont déplacés, individuellement ou par groupes, s'orientant vers quelques points d'élection où ils savaient trouver un travail plus rémunérateur, des facilités de vie plus grandes, des satisfactions intellectuelles d'un ordre plus élevé.

Après un séjour plus ou moins long dans les grands centres de population, certains regagnent leur pays d'origine pour y jouir du fruit de leur labeur ; mais un grand nombre restent dans les villes où ils ont contracté des habitudes, des relations qui les rivent à leur patrie d'adoption.

De là, l'accroissement incessant de la population dans les villes, de là aussi pour les hygiénistes des préoccupations de toute nature, qu'il s'agisse de veiller à la salubrité de l'habitation, de l'alimentation de tout ce monde, ou bien d'éloigner des centres habités les matières résiduaires, les produits usés, ou d'aménager les champs de repos dans lesquels sont déposés les débris humains après la mort.

Faute d'y songer en temps ou de trouver des solutions activant la destruction de ces produits, on verrait se restreindre insensiblement l'espace réservé aux vivants au profit des morts et les grands centres de population se trouveraient peu à peu enserrés dans une ceinture de débris accumulés des générations disparues.

A Paris, la question des cimetières est depuis longtemps à l'étude et toutes les solutions proposées peuvent être ramenées à deux :

1° Installation d'une nécropole unique à une distance plus ou moins éloignée de la ville ;

2° Création de cimetières périphériques desservant chacun un certain nombre de secteurs de la ville.

Après une période d'études assez longue, après des discussions passionnées, une Commission d'assainissement des cimetières fut instituée par arrêté préfectoral en date du 4 mars 1879 et, sur le rapport de l'un de nous, la question fut tranchée et la solution des cimetières périphériques adoptée ; ce rapport se terminait par les conclusions suivantes :

« 1° Que si dans le voisinage des anciens charniers, et surtout alors
» que les inhumations se faisaient dans les églises, on a pu observer
» des accidents résultant du dégagement des gaz produits par la putré-
» faction, ces dangers sont devenus absolument illusoires aujourd'hui
» où ces gaz se répandent à l'air libre, bien que les prescriptions des
» articles 4, 5, 6 du titre I du décret du 23 prairial an XII ne soient
» pas strictement observées ;

» 2° Que les gaz délétères ou gênants, produits de la décomposition
» des cadavres inhumés à 1 mètre 50, n'arrivent pas à la surface du
» sol ;

» 3° Que dans l'espace de cinq ans, la presque totalité de la matière
» organique a disparu et a été brûlée, que par conséquent dans les
» conditions actuelles des inhumations parisiennes, la terre des cime-
» tières ne se sature pas, **pourvu que le sol soit suffisamment**
» **perméable** ;

» 4° Que par un drainage méthodique des terrains consacrés aux
» inhumations, on accélérerait la rapidité des rotations qui peuvent
» être vraisemblablement abrégées ;

» 5° Que dans l'état présent de nos cimetières, il n'y a pas lieu de
» craindre l'infection des puits du voisinage, alors que les lieux d'in-
» humation sont à la distance réglementaire des habitations. »

Ces conclusions peuvent être ramenées à trois propositions :

1° Les accidents observés autrefois dans les cimetières ne peuvent plus se produire dans les cimetières actuels installés conformément au décret du 23 prairial an XII, leur atmosphère est vierge de tous produits gazeux délétères de tous éléments figurés;

2° Dans les cimetières actuels, le sol ne renferme que de l'acide carbonique en grande quantité, à l'exclusion de tout autre gaz en quantité appréciable ;

3° La décomposition des corps confiés à la terre est d'autant plus rapide que l'air circule plus abondamment dans le sol.

Après ces constatations, l'Administration de la Ville de Paris et le Conseil municipal furent d'avis qu'il n'y avait pas lieu, dans l'intérêt de l'hygiène, d'emporter les morts à Méry-sur-Oise et qu'il suffisait de les inhumer dans des terrains perméables à la périphérie. De là l'étude, très complète, faite par la Commission, du sous-sol des environs de Paris qui aboutit au choix des emplacements de Bagneux, de Pantin-Bobigny.

Ces questions primordiales résolues et le principe des cimetières périphériques adopté, l'Administration parisienne se préoccupa de réaliser dans le service des inhumations toutes les réformes nécessaires de façon à ce que rien ne vînt entraver la décomposition aussi rapide que possible des cadavres.

A cet effet, une Commission permanente a été chargée d'examiner si la nature des bières dans lesquelles les corps sont inhumés, si les préparations diverses placées dans les cercueils au moment de la mise en bière, tant pour éviter l'issue des liquides provenant des cadavres que pour masquer les odeurs qui s'en dégagent, avaient quelque influence sur la marche plus ou moins prompte de la décomposition putride, etc.

Nos études non encore terminées sont cependant assez avancées pour nous permettre d'affirmer :

1° Que plus le cadavre inhumé est en contact avec l'air par le fait de perméabilité du sol, de la porosité de la bière (planches I, II, III, IV, V), plus sa destruction est rapide et complète, la présence de l'air favorisant l'éclosion de ces êtres inférieurs, de ces travailleurs de la mort qui sont les agents les plus actifs de la destruction des cadavres ;

2° Que toute substance mise dans la bière pour en assurer l'étanchéité, sciure de bois mélangée ou non de substances anti septiques, poussière de charbon, feuille de caoutchouc, de carton bitumé doublant la bière (voir planches VII, VIII, XII, XIV, XVI, XVII, XX, XXIV, etc.) (1), retardent dans une proportion considérable la destruction des cadavres.

---

(1) Les planches indiquées ci-dessus ne nous ont pas été remises, nous n'avons pu les reproduire, mais il n'en est pas de même de celles provenant des expériences de Saint-Nazaire que nous avons pu faire reproduire et que nous donnons plus loin.

Toutes ces matières s'opposent au développement des animalcules, la plupart aérobies qui paraissent être les agents les plus actifs de la destruction des cadavres.

Qu'en conséquence il y a lieu, sinon d'en proscrire absolument l'usage, du moins de le restreindre le plus possible ;

3° Que l'inhumation dans un sol humide ou imperméable retarde la putréfaction.

Les expériences poursuivies depuis 1890 à Saint-Nazaire viennent confirmer nos propres observations ; elles sont réalisées dans les conditions suivantes :

Le sol du cimetière de Saint-Nazaire est constitué par de l'argile compacte provenant de la décomposition des couches supérieures des micaschistes ; ce sol retient les eaux à une profondeur de 0,66 centimètres à peine dans la saison d'hiver, de 1 mètre 50 à 1 mètre 60 en été.

Chaque fois qu'il est fait une exhumation, le cercueil est trouvé complétement plein d'eau, et certains cadavres, après un séjour de cinq ans dans une fosse, sont retrouvés intacts. (Voir planche XXIX, le cadavre de Gara.)

Si on considère que le cimetière de Saint-Nazaire a une superficie totale de 1 hectare 38 ares, que le chiffre annuel des inhumations dans les cinq dernières années a été le suivant :

ANNÉES	ADULTES	ENFANTS
1886	250	208
1887	293	203
1888	285	206
1889	307	210
1890	330	319
Total...	1 465	1 146

et que la population de Saint-Nazaire s'est accrue de 4,748 habitants de 1886 à 1891, on comprendra les préoccupations de l'Administration municipale de cette ville relativement à l'insuffisance, dans un temps plus ou moins prochain, de son cimetière pour assurer le service des inhumations. Le délai légal pour le relèvement des cadavres inhumés étant dans les conditions actuelles absolument insuffisant pour assurer leur destruction.

C'est pour parer à cette grave éventualité que la Municipalité s'est adressée à M. Coupry, de Nantes, qui a imaginé un projet de drainage réalisé dans une parcelle du cimetière de Saint-Nazaire dans les conditions ainsi décrites par le procès-verbal de la Commission municipale spéciale du 27 mai 1890.

« Six rangées de trois fosses chacune ont été creusées jusqu'à la profondeur de 87 centimètres ; ces fosses ont une longueur de 2 mètres, une largeur de 0,80 centimètres.

» Entre chaque fosse et sur les quatre côtés, il a été laissé une bande de terre naturelle de 0,40 centimètres d'épaisseur. Ce compartiment de 18 fosses est entouré d'un mur d'enceinte de 0,40 centimètres d'épaisseur, maçonné à froid et descendu à 0,30 au-dessous du fond des fosses, de manière à constituer une enceinte drainante empêchant l'invasion des eaux extérieures.

» Au fond de chaque fosse sont disposées quatre murettes en pierres sèches de 0,10 centimètres de hauteur, laissant entre elles un vide en forme de croix ; ce vide est prolongé suivant chaque branche de la croix par un tuyau en poterie traversant la bande de 0,40 centimètres d'épaisseur du terrain naturel et établissant ainsi une communication souterraine entre toutes les fosses contiguës.

» En avant de ce compartiment de 18 fosses, dans l'allée du cimetière règne un petit égout placé à une distance de 0,55 centimètres des fosses, recevant toutes les eaux recueillies par le mur d'enceinte et les poteries des fosses, puis les évacuant hors du cimetière.

» Le vide en croix entre les murettes est garni dans le fond d'une ardoise ordinaire et recouvert à 0,10 centimètres de hauteur par une double ardoise, puis par une couche de 0,10 centimètres d'escarbilles recouvrant tout le fond apparent de la fosse ; le cercueil repose sur cette couche. » (Voir planche A).

Ces expériences faites à Saint-Nazaire présentaient pour notre Sous-Commission un vif intérêt pour les motifs suivants : C'est une application du principe posé par la Commission d'assainissement des cimetières (page 51 du rapport de 1881) sur l'utilité du drainage pour activer la décomposition des corps, application faite sur une assez grande échelle pour permettre d'apprécier sa valeur.

Si cet essai donne de bons résultats, n'y a-t-il pas lieu de le faire dans les cimetières parisiens et notamment dans les terrains consacrés aux inhumations en tranchées, pour en hâter la reprise.

La présence d'une proportion considérable d'acide carbonique dans le sol des cimetières est une cause d'accidents graves pour les ouvriers occupés à y effectuer des fouilles (accident Paupy). L'aération permanente du sol par le drainage Coupry n'y diminue-t-elle pas la quantité d'acide carbonique ?

La mise en place de ce drainage dans les cimetières ou parties de cimetières envahies par les eaux assure-t-elle l'assèchement du sol, par conséquent permet-elle l'installation de ces champs de repos dans tous les terrains ?

Le 9 juin 1891, en présence de la Municipalité de Saint-Nazaire, nous avons procédé aux exhumations ci-après, qui nous permettent de répondre aux questions que nous nous étions posées.

La première exhumation effectuée est celle de :

Audrain (Louis), 52 ans (planche XXX),
Décédé le 29 juin 1890,
Inhumé le 30 juin 1891,
Exhumé le 9 juin 1891.

Hémorrhagie cérébrale.

Durée de l'inhumation : un an.

Ce cadavre, entouré d'une serpillère très épaisse, ne répand aucune odeur.

Les parties molles, les organes splanchniques ont presque complètement disparu.

Le thorax, l'abdomen sont béants ; les organes y renfermés sont détruits.

Le squelette des membres est mis complètement à nu, quelques lambeaux musculaires existent encore autour de la jambe droite (Voir planche XXX).

Les insectes recueillis dans cette bière et examinés, comme ceux des trois autres bières, par M. Megnin, sont des *Anthomysides*, Ophria cadaverina (Megnin), voisins de l'Ophria lemotoma, mouche bien vivante venant d'éclore, nombreuses coques venant de la même.

La seconde exhumation a été celle du sieur Bouhin, âgé de 66 ans, (planche XXXII).

Congestion cérébrale.
Décédé le 21 mai 1890,
Inhumé le 22 mai 1890,
Exhumé le 9 juin 1891.

Durée de l'inhumation : 1 an et 18 jours.

Ce cadavre n'a pas été enveloppé dans une serpillère. Il ne répand pas d'odeur. Le squelette est débarrassé de toutes les parties molles. La tête est séparée du tronc.

La destruction des parties molles est complète.

Les insectes recueillis dans cette bière sont des Anthomysides ; on y trouve des coques de nymphes d'Ophria cadaverina.

Le troisième cadavre exhumé est celui du sieur Thomas, 41 ans (Planche XXXI).

Bronchite tuberculeuse.
Décédé le 24 juin 1890,

Inhumé le 25 juin 1890,
Exhumé le 9 juin 1891.

Durée de l'inhumation, 11 mois 1/2.

Ce cadavre n'a pas été enveloppé dans une serpillère. Pas d'odeur. Sur toute la surface du corps, on constate l'existence d'une couche de moisissures blanches. Le thorax, l'abdomen sont ouverts, les organes splanchniques ont disparu. La destruction des muscles des membres inférieurs est moins avancée que chez les deux précédents, ils semblent devoir passer à l'état de momification sèche.

Les insectes recueillis dans cette bière sont des Anthomysides, larve vivantes d'Ophria cadaverina, une Histéride, larve de Suprimus rotondatus.

La quatrième exhumation effectuée est celle du sieur Gara (Baptiste), 53 ans.

> Décédé le 20 mars 1886,
> Inhumé le 21 mars 1886,
> Exhumé le 25 mai 1891,
> Exhumé de nouveau le 9 juin 1891.

Durée de l'inhumation : 5 ans.

Ce cadavre (voir planches XXVIII et XXIX) est absolument intact ; il a subi en masse la transformation en gras de cadavre.

Il est procédé à l'autopsie par M. le professeur Brouardel.

Tous les viscères sont amincis, appliqués contre les parois du thorax et de l'abdomen. Le cœur seul a encore un certain volume ; il est parfaitement reconnaissable. Tout travail de décomposition paraît suspendu ; il semble que le cadavre resterait à cet état pendant un temps indéfini.

On trouve dans cette bière un insecte de la famille des staphilinides : le Philonthus ebeninus.

Les trois premières exhumations faites dans le terrain aménagé par le système Coupry, rapprochées de celle du cadavre du sieur Gara, inhumé dans les conditions ordinaires dans le cimetière de Saint-Nazaire, établissent d'une façon saisissante que le drainage du sol par le procédé Coupry active dans une proportion considérable la destruction des corps inhumés.

Cette accélération paraît d'autant plus manifeste si l'on veut bien se rappeler que les cadavres si complètement détruits n'ont séjourné que de 11 mois 1/2 à un an dans le terrain Coupry, tandis que le cadavre du sieur Gara était inhumé depuis 5 années dans le cimetière actuel de Saint-Nazaire.

Les expériences faites simultanément avec des moutons ont donné des résultats identiques. (Voir planche B).

M. Ogier, directeur du Laboratoire de toxicologie de Paris, membre du Comité consultatif d'hygiène de France, a fait l'analyse des gaz qu'il a recueillis dans le sol du cimetière de Saint-Nazaire ; nous reproduisons la note qu'il a bien voulu nous remettre.

Analyse des gaz recueillis dans le sol du cimetière de Saint-Nazaire.

I. Terrain aménagé selon le système Coupry :

Gaz recueilli au-dessus de la tombe de Trisa-Guadalupe.

La terre n'a pas été enlevée. Trou de sonde pratiqué à 1 mètre 50, c'est-à-dire jusqu'à la partie supérieure de la bière.

Pas d'hydrogène sulfuré.

Acide carbonique..... 2 29 ⎞
Oxygène.............. 17 51 ⎬ en volume
Azote................ 80 20 ⎠
____
100.00

Dans une autre expérience (dosage par pesée), 2,69 p. 100 d'acide carbonique.

II. Terrain aménagé, système Coupry. Tombe de Audrain. Le corps a été exhumé la veille, réinhumé et la fosse remblayée.

Le gaz a été recueilli au-dessous du corps, dans le drain Coupry, 15 heures environ après le remblayage.

Le gaz présente une très légère odeur sulfureuse ; on ne constate cependant aucune réaction indiquant l'hydrogène sulfuré.

Acide carbonique...... 0 04 ⎞
Oxygène .... 19 63 ⎬ en volume
Azote................ 80 33 ⎠
____
100.00

La comparaison de ces deux expériences nous paraît montrer la réalité de l'afflux de l'oxygène dans le système Coupry, puisque dans le drain juste au-dessous d'un cadavre, il n'y a pas plus d'acide carbonique que dans l'air normal. L'air extérieur arrive donc effectivement au-

CIMETIÈRES DE L'AVENIR
Système P. COUPRY Fils, Architecte

Photographie d'un corps inhumé dans l'aménagement après UN AN et DIX-HUIT JOURS.

Voir Rapport de MM. Brouardel, O. du Mesnil et Ogier.

PLANCHE XXXII

CIMETIÈRES DE L'AVENIR
Système F. COUPRY Fils, Architecte

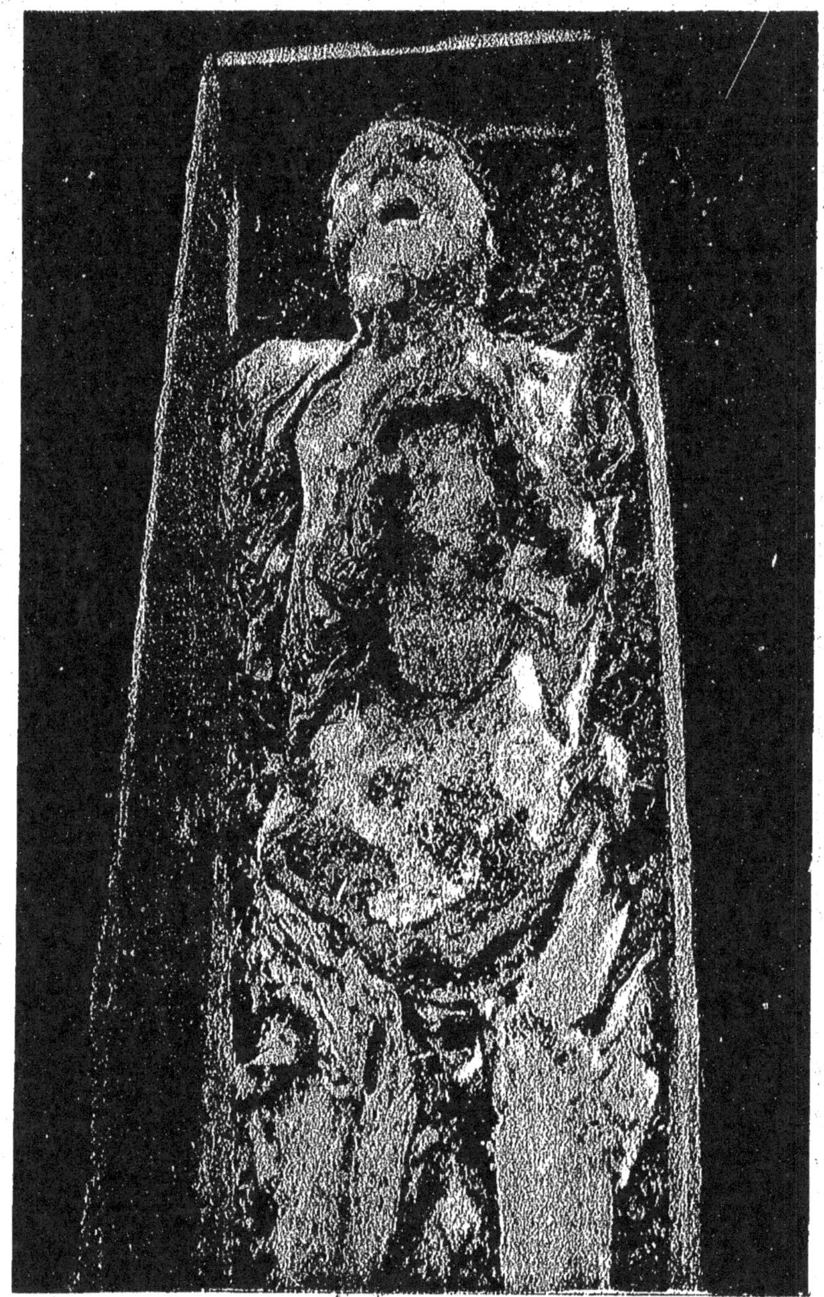

Photographie d'un corps inhumé dans l'aménagement après ONZE MOIS ET DEMI.

Voir Rapport de MM. Brouardel, O. du Mesnil et Ogier

PLANCHE XXXI

CIMETIÈRES DE L'AVENIR

Système P. COUPRY Fils, Architecte

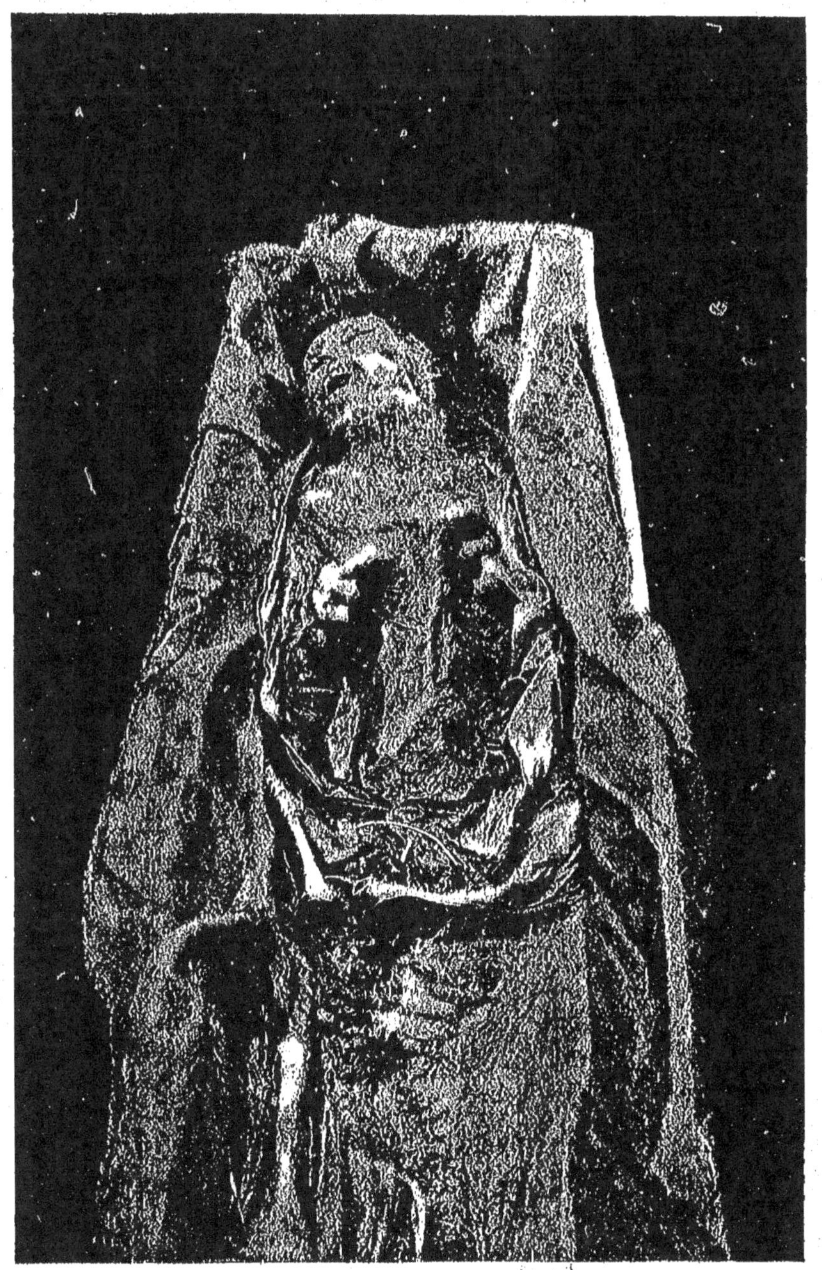

PLANCHE XXX

Etat général des corps inhumés dans les cimetières actuels après **CINQ ANS** d'inhumation.

Planche XXIX

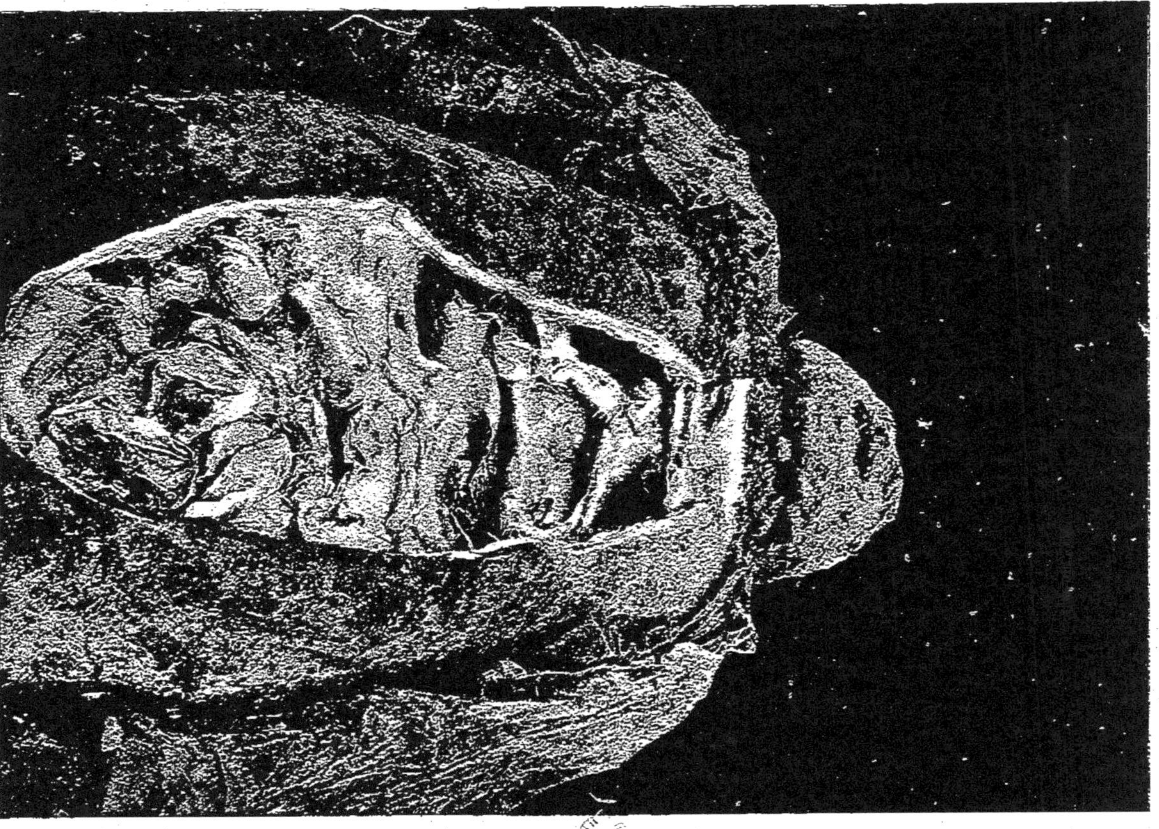

Voir Rapport de **MM. Brouardel, O. du Mesnil et Ogier.**

État général des corps inhumés dans les cimetières actuels, après CINQ ANS d'inhumation et plus.

Corps du sieur GARA, exhumé après cinq ans.

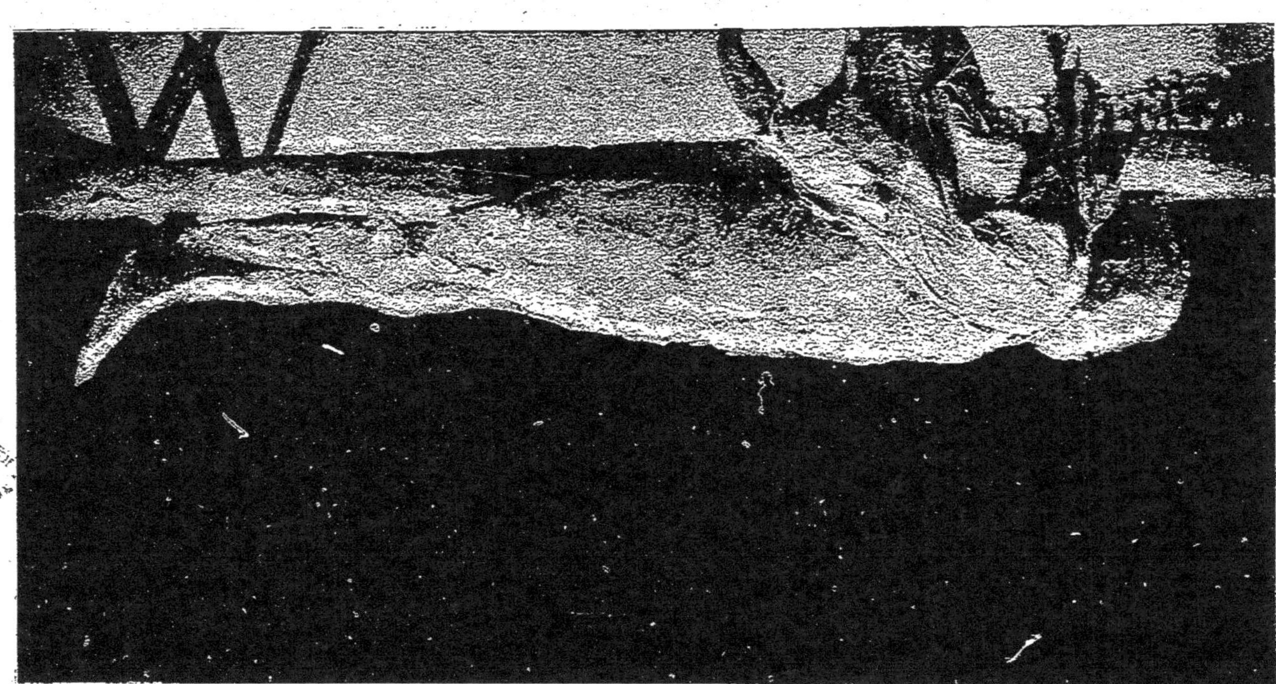

PLANCHE XXVIII

Voir Rapport de MM. Brouardel, O. du Mesnil et Ogier.

dessous des corps et il n'y a pas de stagnation des produits gazeux de la décomposition dans l'appareil de drainage.

La quantité d'acide carbonique trouvée au-dessus de la tombe (1re expérience) n'est pas très élevée et moins forte que dans les expériences de Shutzemberger (p. 89, rapp. de la Commission des cimetières). Dans les expériences de Boussingault et Lévy, on a trouvé pour des gaz recueillis dans la terre végétale des doses de CO_2 très variables (0,80, 1,06, 2,17, 7,77, 9,74, selon les cas ; en général 1 pour 100 dans les conditions ordinaires et jusqu'à 10 pour 100 dans la terre qui vient d'être fumée).

III. Gaz recueillis dans le cimetière ordinaire de Saint-Nazaire. Terrain excessivement argileux (Le trou de sonde a dû tasser l'argile et faire une sorte de conduit imperméable. Il est à craindre que l'air puisé ne vienne pas exclusivement du sol, mais que l'aspiration ait déterminé un appel d'air extérieur par le haut du trou de sonde. Les conditions d'expériences ne sont donc pas très favorables.)

Profondeur : 1 mètre au-dessus de la tombe de la femme Davit, née Moinard.

Acide carbonique........	2 13
Oxygène...............	17 85
Azote................	80 01

Il est à croire que le chiffre d'acide carbonique est trop faible pour les raisons indiquées plus haut.

Dans ces diverses analyses, comme dans celles de Shutzemberger et de Boussingault, la somme de l'acide carbonique et de l'oxygène est toujours très voisine de 20, chiffre de l'oxygène dans l'air normal, c'est-à-dire que le carbone de la matière organique fournit en brûlant un volume d'acide carbonique égal au volume de l'oxygène qui a produit la combustion.

Pour compléter cette étude, M. Ogier a examiné l'eau recueillie dans une des fosses du cimetière de Saint-Nazaire ; nous croyons utile de reproduire le résumé qu'il nous a remis de ses recherches sur ce point spécial.

Eau recueillie dans le cimetière de Saint-Nazaire (bière ordinaire), dans une fosse renfermant un cadavre inhumé depuis cinq ans. Terre glaise à peu près pure. Le niveau de l'eau dans la fosse était juste au sommet de la bière, qui se trouvait entièrement remplie. Le cadavre était en grande partie détruit. Il restait cependant d'abondantes masses graisseuses molles.

.*.

Analyse faite sur l'eau filtrée.

Degré hydrométrique........	65.00
Résidu à 100 (par litre)	1,3895
Résidu au rouge.	1,0275
Différence (perte au rouge)....	0,2680
Chlore (Cl)................	0,220
Acide nitrique.....	traces
Nitrites........	traces insensibles
Ammoniaque...	0,040
Matière organique (sol. acide) .	0,042

Cette eau contient comme on le voit des quantités énormes de matières organiques, de sels ammoniacaux, des chlorures et des traces seulement de nitrites et de nitrates.

Le dépôt est assez abondant, gris noirâtre ; il contient principalement des matières grasses et un grand nombre d'infusoires (Paramécies).

En conséquence, nous concluons comme il suit :

Les cadavres inhumés dans les cimetières s'y décomposent d'autant plus rapidement :

A. — Qu'ils ne sont pas soustraits au contact de l'air qui circule dans le sol par des bières rendues imperméables ou remplies de matières pulvérulentes quelconques imbibées ou non de liquides antiseptiques ;

B — **Que le sol est largement aéré par le drainage et mis à l'abri de l'invasion des eaux environnantes ou provenant de la nappe souterraine ;**

C. — **L'application du système Coupry dans le cimetière de Saint-Nazaire, en asséchant le sous-sol et en y faisant pénétrer de l'air en quantité considérable, active dans une notable proportion la destruction des cadavres inhumés ;**

D. — **Le fonctionnement de ce système diminue la quantité d'acide carbonique qui circule dans le sol où sont enfouies des matières organiques.**

Il permet d'utiliser pour les inhumations des terrains qui jusqu'ici étaient considérés à juste titre comme impropres à cet usage.

EXPÉRIENCES

De l'Aménagement spécial des Cimetières

Système P. COUPRY Fils, Architecte

Breveté S. G. D. G.

FAITES EN 1890-91

Sous les auspices de la Municipalité de Saint-Nazaire
et d'une Commission présidée par M. le Maire.

DEUXIÈME FASCICULE

Cette Commission était composée de la manière suivante :

MM.

Gasnier, maire de Saint-Nazaire, président.

Denghin, premier adjoint.

Corbineau, pharmacien, 2e adjoint, secrétaire.

Jamin, ingénieur, adjoint au maire de la ville de Nantes.

Bordillon, ingénieur, conseiller municipal à Nantes.

Jourdanne, pharmacien, membre du Conseil d'hygiène publique du
département de la Loire-Inférieure, membre de l'Inspection départementale des pharmacies et drogueries, conseiller municipal de
Nantes.

Faucher (Léon), ingénieur, adjoint au maire de la ville de Lille,
vice-président du Conseil général de salubrité du département du
Nord, délégué par M. le Maire de Lille ; n'a pas pu assister aux
travaux, s'est fait excuser.

Chevalier, architecte en chef de la ville de Cholet et délégué par
M. le Maire.

Andouard, directeur du Laboratoire départemental, professeur de
chimie à l'École de Médecine, pharmacien en chef de l'Hospice
de Saint-Jacques à Nantes.

Mercier, pharmacien, membre du Conseil central d'hygiène publique,
membre de l'Inspection départementale des pharmacies et drogueries de la Loire-Inférieure.

Schwob, rédacteur en chef du *Phare de la Loire*.

Merson, rédacteur en chef de l'*Union Bretonne*.

GHAZAIS, docteur-médecin à Guérande, membre du Conseil d'administration de l'Hôpital marin de Pen-Bron.

MIGAULT, inspecteur des cimetières à Nantes.

GRIFFON DU BELLAY, directeur du Service de Santé à Saint-Nazaire, membre du Conseil départemental d'hygiène publique.

KERVILER, ingénieur en chef des Ponts et Chaussées à Saint-Nazaire.

BENOIT, docteur-médecin des épidémies de l'arrondissement de Saint-Nazaire.

CADO, docteur-médecin à Saint-Nazaire.

MÉLOCHE, docteur-médecin à Saint-Nazaire.

GENTI-CORPS, vétérinaire, membre du Conseil d'hygiène de Saint-Nazaire.

FRONTEAU, rédacteur en chef de l'*Avenir* de Saint-Nazaire.

MAILLARD, conseiller municipal, rédacteur en chef de la *Démocratie de l'Ouest* à Saint-Nazaire.

ALLION, économe de l'Hospice de Saint-Nazaire.

BOUDE, médecin de 1re classe de la marine à Saint-Nazaire.

PÉRINEL, docteur-médecin à Saint-Nazaire.

RICHARD, conseiller municipal à Saint-Nazaire.

BOYÉE, conseiller municipal à Saint-Nazaire.

MAHÉ-MALIN, conseiller municipal à Saint-Nazaire.

BERNARD, conseiller municipal à Saint-Nazaire.

MONET, secrétaire en chef de la Mairie de Saint-Nazaire.

JOUON, docteur-médecin, correspondant de l'Académie de Médecine, professeur d'anatomie à l'École de Médecine de Nantes et conseiller municipal.

POISSON, docteur-médecin à Nantes.

ROBINEAU, percepteur des Contributions à Saint-Nazaire.

TROUILLARD, architecte en chef de la Ville de Saint-Nazaire.

BONJOUR, entomologiste.

PLANTARD, docteur-médecin à Chantenay.

PÉCAUD, architecte à Saint-Nazaire.

GUELLEC, vétérinaire à Savenay.

EXPOSÉ DE M. COUPRY FILS

Au Cimetière de Saint-Nazaire

En présentant à la Commission, lors de sa première réunion, les travaux d'aménagement exécutés en vue des expériences qu'elle était appelée à suivre :

Messieurs,

Avant de vous faire la description de ces travaux d'aménagement, permettez-moi de vous rappeler en quelques mots quel est leur but et quels sont les effets qu'on en attend.

Dans l'état actuel de la science, nul ne peut nier aujourd'hui qu'il importe de mettre les cadavres inhumés dans les cimetières hors de tout contact même passager avec les eaux pluviales, d'infiltration ou de sources.

C'est une question d'hygiène publique.

Secondement, il est non seulement utile, mais indispensable que les cadavres déposés dans les fosses communes deviennent rapidement à l'état de squelettes, suivant la loi naturelle qui veut que les parties molles et fermentescibles des cadavres disparaissent complètement. Mais il est aussi nécesssaire que cette disparition soit rapide afin que la reprise des terrains puisse s'opérer normalement aux époques fixées afin de pouvoir limiter autant que possible l'étendue des cimetières dont les agrandissements deviennent de plus en plus onéreux par suite de l'augmentation sans cesse croissante du prix des terrains, surtout dans les grandes villes ; il faudrait enfin que les travaux aujourd'hui si pénibles du fossoyeur travaillant dans l'eau et dans la boue fussent rendus plus faciles, partant moins onéreux.

C'est une question d'économie sociale.

Troisièmement et enfin, Messieurs, n'est-il pas temps de donner à l'opinion publique une satisfaction qu'elle attend toujours ? En disposant désormais nos cimetières de telle sorte que tous les citoyens quels qu'ils soient trouvent un emplacement où ils puissent déposer décemment les restes de leurs parents sans les voir plonger dans des fosses pleines d'eau, creusées dans une vase immonde comme cela se fait aujourd'hui.

C'est une question sociale.

Eh bien ! Messieurs, si vous croyez que chacune de ces questions prise séparément est assez importante pour qu'on en cherche la solution, vous appuierez de toute votre autorité notre système d'aménagement qui a l'avantage de les résoudre toutes les trois du même coup.

Car son application dans les cimetières mettra à jamais tous les cadavres qui y seront déposés à l'abri de tout contact avec les eaux, quelles qu'elles soient, et que c'est la solution commune à ces questions **d'hygiène publique, d'économie communale et de satisfaction sociale.**

Voici les moyens que nous proposons d'employer pour arriver à ces fins.

Vous voyez ici, Messieurs, un spécimen exact de notre système d'aménagement pour les fosses communes ; ce spécimen comporte 18 fosses d'adultes de chacune 2 mètres de longueur et 0^m80 de largeur avec entre-fosses de 0^m40 de largeur ; c'est vous dire que la superficie du terrain employé est la même que celle que l'on occupe actuellement en dehors de notre aménagement. (Voir planche A).

Notre but, nous vous le rappelons, étant de protéger les cadavres de tout contact avec les eaux, nous commençons par nous garantir de celles provenant des terrains circonvoisins en établissant tout autour du terrain aménagé une douve de circonvallation faisant solution de continuité entre ces terrains et notre aménagement ; ici la douve est remplacée par ce mur de 0^m40 d'épaisseur dont toute la partie basse, jusqu'à 0^m20 en contre-bas du sol naturel, est construite en pierre froide, c'est-à-dire sans aucun mortier ; les fondations de ce mur sont descendues à 0^m30 en moyenne en contre-bas des radiers ou fond des petits aqueducs de drainage dont nous allons parler tout à l'heure. Les fondations de ce mur sont disposées en pente de façon à amener au fur et à mesure les eaux qui viennent à s'y réunir, soit en suivant les parois, soit en glissant à l'intérieur du mur de pierre, suivant les lois de la pesanteur, dans l'aqueduc collecteur qui doit les emporter au dehors. On voit que ce mur par sa disposition et la nature de sa construction remplit l'office de douve et d'aqueduc.

Maintenant, pour nous garantir des eaux qui pourraient arriver par le fond même de notre aménagement, sous la pression de celles situées à un niveau supérieur, nous avons tout un réseau de petits aqueducs de 0^m10 de section et dont les dispositions avec le mur ou la douve de circonvallation forment la base même de notre système d'aménagement des fosses communes.

Les 18 cercueils sont ici disposés sur six rangées de 3 chacune ; sous chacune de ces rangées passe d'un bout à l'autre de l'aménagement un de ces petits aqueducs qui vient aboutir à l'aqueduc collecteur. Par prévoyance et pour éviter toute interruption accidentelle dans l'écoulement des eaux, nous avons établi transversalement entre chacun des aqueducs et dans chaque fosse une communication à l'aide de petits branchements d'aqueducs de même nature, de telle sorte que si l'un ou l'autre des aqueducs longitudinaux venait à s'obstruer pour une cause quelconque, l'écoulement se ferait par l'aqueduc voisin à l'aide de ces branchements supplémentaires. Il est hors de doute que l'action de ce réseau d'aqueducs suffira amplement à l'assèchement constant du sous-sol.

Ces aqueducs sont construits confortablement et économiquement ; des pierres d'ardoises forment les radiers et les palâtres de recouvrement ; le radier a pour utilité d'empêcher les eaux de détacher des terres du fond des aqueducs et de les entraîner dans les drains de poterie qui mettent en communication les uns avec les autres les aqueducs longitudinaux aussi bien que les branchements transversaux. Ces drains de poterie, d'un diamètre de 0,06 (1), sont largement suffi-sants, car ils peuvent livrer passage chacun à 60 mètres cubes d'eau au moins par vingt-quatre heures. Enfin, les côtés ou jottes des petits aqueducs sont tout simplement en moëllon ordinaire de pierre schis-teuse.

Maintenant, Messieurs, nous avons disposé sur ces aqueducs et dans toute la largeur des fosses une couche de $0^m 10$ à $0^m 15$ d'épaisseur d'escarbilles, qui peuvent être remplacées par toute autre matière absor-bante, terre-meuble, chape de tufeau, cendre, etc. Elle a pour mission :

1° D'indiquer au fossoyeur, lorsqu'il creuse la fosse, qu'il est rendu à bonne profondeur et d'éviter que sa pioche ou sa bêche ne viennent détériorer les petits aqueducs ;

2° Elle absorbera et retiendra les écoulements de sanie qui vien-draient à sortir des cercueils dans les premiers temps de la décompo-sition cadavérique et empêcher que celle-ci vienne s'écouler dans les petits aqueducs ;

3° De rendre plus facile les exhumations par suite de la non adhé-rence qui existera entre elle et le fond des cercueils.

Quant aux eaux pluviales tombant directement sur les surfaces aména-gées, les pentes données à la surface du terre-plein en conduiront une partie dans les allées et de là dans les aqueducs collecteurs ; quant à celles qui seraient retenues et absorbées par le sol, elles descendront après saturation de celui-ci, d'absorption en absorption, de molécule en molécule, jusqu'au réseau des petits aqueducs sans pouvoir jamais s'a-masser en un point quelconque du sous-sol.

Voici, Messieurs, dans toute sa simplicité, l'aménagement rationnel et pratique que nous avons l'honneur de vous soumettre.

Les ardoises incrustées dans la maçonnerie du mur de circonvalla-tion indiqueront au fossoyeur l'endroit précis où il doit creuser chaque fosse, de même qu'il indiquera aux parents les alignements sur les-quels ils devront disposer les entourages qu'ils destinent à leurs chers morts

---

(1) Aujourd'hui nous les faisons de $0^m 11$ de diamètre.

PROCÈS-VERBAL Nᵒ 1

Aujourd'hui 27 mai 1890, la Commission instituée par M. le Maire de Saint-Nazaire à l'effet d'examiner un modèle d'installation de cimetière (système Coupry, et de procéder ensuite à une reproduction des expériences dites de Genève, s'est réunie à 1 h. 1/2 au cimetière de Saint-Nazaire.

Étaient présents :

MM.

GASNIER, maire de Saint-Nazaire.

DENGHIN, premier adjoint.

CORBINEAU, 2ᵉ adjoint.

JAMIN, adjoint au maire de la ville de Nantes.

BOUDILLON, conseiller municipal à Nantes.

JOURDANNE, conseiller municipal à Nantes.

ANDOUARD, directeur du Laboratoire départemental, professeur de chimie à Nantes.

MERCIER, membre du Conseil d'hygiène de la Loire-Inférieure.

SCHWOB, rédacteur en chef du *Phare de la Loire*.

MERSON, rédacteur en chef de l'*Union Bretonne*.

GRAZAIS, docteur à Guérande.

MIGAULT, inspecteur des cimetières à Nantes.

Dʳ GRIFFON DU BELLAY, directeur du Service de Santé à Saint-Nazaire.

KERVILER, ingénieur en chef des Ponts et Chaussées à Saint-Nazaire.

Dʳ BENOIT, médecin des épidémies de l'arrondissement de St-Nazaire.

CADO, docteur-médecin à Saint-Nazaire.

MÉLOCHE, docteur-médecin à Saint-Nazaire.

GENTI-CORP, vétérinaire, membre du Conseil d'hygiène à Saint-Nazaire.

FRONTEAU, rédacteur en chef de l'*Avenir* de Saint-Nazaire.

MAILLARD, rédacteur en chef de la *Démocratie de l'Ouest*, à St-Nazaire.

ALLIOU, économe de l'hospice à Saint-Nazaire.

BOUDE, médecin de 1ʳᵉ classe de la marine, à Saint Nazaire.

PÉRINEL, docteur-médecin à Saint-Nazaire.

RICHARD, conseiller municipal à Saint-Nazaire.

BOYÉE, conseiller municipal à Saint-Nazaire.

MAHÉ MALIN, conseiller municipal à Saint-Nazaire.

BERNARD, conseiller municipal à Saint-Nazaire.

MONET, secrétaire en chef de la mairie de Saint-Nazaire.

FAUCHER (Léon), ingénieur, adjoint au maire de la ville de Lille, vice-président du Conseil général de salubrité du département du Nord, qui avait été délégué par le Maire de Lille, pour assister aux expériences, s'est fait excuser au dernier moment (lettre du 24 mai 1890) et demande à être tenu au courant des expériences.

GUELLEC, vétérinaire à Savenay.

La Commission se constitue immédiatement et nomme à l'unanimité :

Président : **M. le Maire de Saint-Nazaire.**

Secrétaire-rapporteur : **M. Corbineau, pharmacien, adjoint au maire,** et spécialement délégué par lui pour organiser et diriger lesdites expériences.

M. le Président fait d'abord visiter à la Commission le modèle d'aménagement qu'il vient de faire installer dans le cimetière et invite M. Corbineau et MM. Coupry, A. Lemut et Guérin à donner toutes les explications nécessaires. M. Coupry, inventeur du système a la parole et s'exprime ainsi :

L'aménagement consiste en 6 rangées de 3 fosses chacune ; ces fosses, de longueur 2 mètres, largeur 0,80, sont creusées jusqu'à la profondeur de 87 centimètres dans le sol naturel que M. Kerviler définit ainsi :

Argile compacte provenant de la décomposition des couches supérieures de mica-schisteux.

Entre chaque fosse, et sur les 4 côtés, il a été laissé une bande de terre naturelle de 0ᵐ40 d'épaisseur. Ce compartiment de 18 fosses est entouré d'un mur d'enceinte de 0ᵐ 40 d'épaisseur maçonné à froid et descendu à 30 centimètres au dessous du fond des fosses de manière à constituer une enceinte drainante empêchant l'invasion des eaux extérieures. Au fond de chaque fosse sont disposées 4 murettes en pierres sèche de 10 centimètres de hauteur laissant entre elles un vide en forme de croix ; ce vide est prolongé suivant chaque branche de la croix par un tuyau en poterie traversant la bande de 0ᵐ40 d'épaisseur de terrain naturel, et établissant ainsi une communication souterraine entre toutes les fosses contiguës.

En avant de ce compartiment de 18 fosses, et sous l'allée du cimetière, règne un petit égout recueillant toutes les eaux drainées par le mur d'enceinte et les poteries des fosses et les évacuant hors du cimetière.

Le vide en croix entre les murettes est garni dans le fond d'une ardoise ordinaire (1) et recouvert de 0ᵐ10 d'épaisseur d'escarbilles garnissant tout le fond apparent de la fosse. C'est sur cette couche que reposera le cercueil.

L'inventeur expose à la Commission :

1° Que le sol, qui semble actuellement assez sec, jouit de la propriété de retenir les eaux à une profondeur de 0ᵐ60 à peine ; que chaque fois qu'il s'est fait une exhumation le cercueil est trouvé complètement plein d'eau ;

---

(1) Dans la pratique, il sera bon d'employer, comme nous l'avons fait à Nantes, des ardoises spéciales de 8 à 12 millimètres d'épaisseur.

2° Que dans ces conditions : d'une part les eaux des cimetières doivent contaminer tous les sols dans lesquels elles s'écoulent ; d'autre part, d'après de nombreux témoignages relatés dans la brochure de M. Coupry, et d'après l'expérience de tous les jours, les corps baignés dans l'eau mettent un temps fort long à se décomposer ; notamment dans le cimetière actuel, la décomposition demande quelquefois 15 et 20 années et même n'est pas encore complète ;

3° Que le système qui est présenté à la Commission semble devoir parer à ces deux inconvénients. — En effet : chaque fosse en particulier et le sol du cimetière tout entier sont asséchés et drainés par avance ; le cercueil élevé sur sa murette est à l'abri du contact de l'eau et dans les conditions les plus favorables pour une prompte décomposition par la voie sèche et sous l'action des insectes observés et décrits par le docteur Megnin dans son ouvrage *Le Faune des Tombeaux.*

Enfin, la couche d'escarbille sur laquelle repose le cercueil est destinée à absorber les liquides s'écoulant du cadavre dans les premiers temps de son dépôt dans la fosse.

Il en résulte que les eaux provenant des cimetières du système Coupry doivent être absolument pures et sans action nuisible sur la santé publique.

La Commission prend acte de cet exposé et suivra avec intérêt les résultats successifs des expériences qui lui sont soumises.

La Commission s'est ensuite transportée dans une prairie voisine appartenant aux Hospices et située dans les mêmes conditions topographiques que le cimetière, dans un terrain de même nature, et sur le même versant (Voir planche B).

Il a été préparé dans ce pré deux séries de chacune 4 fosses destinées à recevoir 8 moutons renfermés chacun dans une caisse en bois.

Les fosses de la première série sont simplement creusées à 1ᵐ 50 dans le sol.

Les fosses de la deuxième série sont préparées suivant le système Coupry, et dans les mêmes conditions que celles du cimetière, sauf qu'au lieu du mur d'enceinte en pierre il a été fait un simple fossé d'isolement.

Il est apporté huit moutons et huit boîtes. Ces moutons sont recouverts de leur peau et simplement tondus. M. Genti-Corp, vétérinaire, constate que les huit moutons ont été tués lundi 26 courant, qu'ils sont restés exposés à l'air, c'est-à-dire dans les conditions ordinaires des cadavres humains, qu'ils n'étaient atteints d'aucune maladie infectueuse, qu'ils sont parfaitement sains et ne portent aucun germe de décomposition.

Les moutons sont alors cloués dans les boîtes et enfouis.

La Commission reconnaît que l'expérience comparative ne peut manquer d'être concluante puisque les fosses de la 1ʳᵉ série seront très prochainement envahies par les eaux ; tandis que l'application du système Coupry doit préserver les moutons de la 2° série de tout contact avec les eaux.

Il est décidé à l'unanimité que la 1re exhumation d'un mouton de chaque série (les numéros 1-1) aura lieu dans six mois et que les autres suivront successivement de six mois en six mois.

La Commission décide, sur la proposition de M. Andouard, qu'une 3° série de moutons succédera au fur et à mesure des exhumations aux moutons enfouis actuellement et qu'ils seront recouverts, les premiers, d'un mélange de terre et de sable et les seconds de sable fin.

Les plans et coupes des terrains où se font les expériences sont joints au présent procès-verbal.

M. le Maire de Saint-Nazaire a décidé que de nouvelles invitations seraient adressées, chaque fois que se fera un relèvement de moutons, à tous les membres de la Commission et aux autres personnes déjà invitées qui n'ont pu assister à la première expérience.

Il en sera de même des procès-verbaux et communications à faire dans la suite.

Avant de se séparer, tous les membres de la Commission tiennent à féliciter la Municipalité de Saint-Nazaire de l'initiative qu'elle a su prendre et remercient M. le Maire d'avoir bien voulu les inviter à des expériences qui sont d'un si haut intérêt pour toutes les Municipalités.

M. Corbineau, au nom de M. le Maire absent et de la Municipalité de Saint-Nazaire, remercie vivement toutes les personnes qui ont répondu à l'appel fait à leur bonne volonté et qui viennent de prendre part à la rédaction du procès-verbal.

Ont signé :

Jamin, Bordillon, Andouard, Fronteau, Jourdanne, Kerviler, Rigault, G. du Bellay, E. Gasnier, Merson, Dr E. Grazais, J. Richard, Cado, Genti-Corp, Dr E. Meloche, Schwob, Boyée, Corbineau, Moret, Denghin, Benoît, Maillard, Alliou, Boude, Périnel, Mercier, Mahé-Malin.

PROCÈS-VERBAL D'EXPÉRIENCES faites depuis le 27 Mai jusqu'au 16 Décembre 1890 pour l'expérimentation du système d'inhumation Coupry, Lemut et Guérin.

Le seize décembre mil huit cent quatre-vingt-dix, a eu lieu la dernière réunion de la Commission chargée de poursuivre les expériences publiques approuvées par le Conseil municipal de Saint-Nazaire, dans le but de rechercher quelle valeur on peut attribuer au système nouveau d'inhumation de M Coupry fils.

Un froid intense et une épaisse couche de neige avaient arrêté plusieurs des personnes invitées et dont le concours nous semble précieux ; aussi, leur absence a-t-elle été vivement regrettée par les membres présents qui étaient :

MM.

Gasnier, maire de Saint-Nazaire, président.
Jamin, adjoint au maire de Nantes.
Bordillon, conseiller municipal à Nantes.
Corbineau, adjoint au maire de Saint-Nazaire, secrétaire-rapporteur.
Coupry fils, inventeur du système.
Léchat-Boilève, conseiller municipal à Saint-Nazaire.
Créton, conseiller municipal à Saint-Nazaire.
Mahé Malin, conseiller municipal à Saint-Nazaire.
Peschard, conseiller municipal à Saint-Nazaire.
Pottier, conseiller municipal à Saint Nazaire.
Maillard, conseiller municipal à Saint-Nazaire.
Le docteur Cado, à Saint-Nazaire.
Le docteur Méloche, à Saint-Nazaire.
Le docteur Benoist, à Saint-Nazaire.
Le docteur Périnel, médecin de 1re classe de la marine à St-Nazaire.
Gavalin, pharmacien, membre du Conseil d'hygiène de l'arrondissement de Saint-Nazaire.
Genti-Coup, vétérinaire à Saint-Nazaire.
Thouillard, agent-voyer municipal à Saint-Nazaire.
Alliou, économe de l'Hospice de Saint-Nazaire.
Lemut et Guérin, de Nantes.

S'étaient excusés par lettre de ne pouvoir assister à la réunion :

MM.

Le docteur Laennec, directeur de l'École de Médecine et de Pharmacie de Nantes.
Vivien, conseiller général de la Loire-Inférieure, à Nantes.
Le docteur Vallin, rédacteur en chef de la *Revue d'Hygiène*, à Paris.
Le docteur Bertin, à Nantes.
Le Maire de la ville de Reims.
Mercier, pharmacien, membre du Conseil central d'hygiène de la Loire-Inférieure.

La Commission, réunie au cimetière, visite d'abord l'aménagement spécial établi par l'inventeur et dont les dix-huit fosses sont occupées depuis trois mois environ.

Il est constaté que le système de drainage fonctionne bien et qu'il déverse dans l'aqueduc l'eau qui s'égoutte du sol.

Cette eau recueillie en très petite quantité (conséquence de la construction du mur d'isolement, dont l'effet est d'éloigner toutes les eaux étrangères au terrain disposé d'après le système Coupry), dans des vases placés à l'extrémité des drains, laisse dégager une odeur désagréable provenant, soit du contact des cadavres récemment déposés dans l'enceinte de l'aménagement, soit du passage à travers un sol souillé par les matières organiques des corps inhumés depuis trente ans.

Les études comparatives faites dans un terrain neuf pourront seules déterminer la cause de la contamination de l'eau. A ce propos, M. Corbineau dit qu'il a eu l'occasion de recueillir une fois seulement, le 16 novembre dernier, de l'eau sortant du terrain de l'Hospice préparé pour recevoir quatre moutons. Au sortir des drains, elle était sans odeur aucune. Elle contient par litre une quantité de matières organiques qui exige 0 gr. 000,735 d'oxygène pour les brûler. Un échantillon, conservé depuis cette époque dans un flacon bien bouché, est mis sous les yeux de la Commission. Il ne laisse dégager à la température ordinaire aucune odeur appréciable.

L'eau provenant des vases est mise en réserve dans un flacon avec les insectes qu'elle contient ou qui se tiennent à la surface pour être livrée à l'examen d'un entomologiste.

Dans l'aqueduc, l'odeur de la putréfaction est très sensible, ce qui n'a rien de surprenant, la première ligne de cadavres n'étant éloignée que de 40 centimètres environ; or, les matières gazeuses produites par la putréfaction communiquent directement avec ce dernier par l'intermédiaire des drains (1).

Les visites fréquentes faites par M. Corbineau, depuis le début de l'installation, lui ont permis de s'assurer qu'il n'a jamais séjourné d'eau dans le regard ménagé pour les observations et dont la profondeur est égale à celle du drainage.

Les Membres de la Commission se transportent ensuite dans la prairie de l'Hospice et assistent au relèvement de deux moutons enfouis depuis six mois et demi ; l'un dans le sol naturel, l'autre dans l'aménagement spécial qui représente exactement une réduction très grande d'un cimetière dit *de l'Avenir*.

---

(1) D'après les expériences ultérieures et les constatations de M. le docteur Brouardel, ces odeurs ne provenaient pas des corps déposés dans l'aménagement mais de l'aqueduc collecteur de la Ville avec lequel celui de l'aménagement était en communication.

Les résultats observés et constatés figurent au tableau suivant :

	SOL NATUREL	SOL AMÉNAGÉ
Eau............	Remplissant plus de la moitié de la boîte. Très sale. Terre entourant la boîte à l'état vaseux.	Absence complète terre sèche entourant la boîte.
Odeur.........	Cadavérique infecte. Cette odeur se dégage aussi de la terre vaseuse contiguë à la boîte.	Presque nulle.
Peau..........	Adhérente et recouverte de toute la laine.	A l'état de décomposition très avancée.
Tissu musculaire	Peu de décomposition dans la partie sous-jacente à la peau et non submergée. Dans les parties profondes et submergées, on voit encore une couleur rosée. Décomposition légère.	Disparu.
Tissu graisseux.	Intact.	Disparu.
Viscères........	Submergés n'ont subi qu'un commencement de décomposition.	Disparus.
Corps..........	Ayant conservé les mêmes dimensions.	Très affaissé.
Os	Tous recouverts de peau et de tissu musculaire, se désarticulant quand on les remue.	En partie mis à nu, notamment sur la tête, les côtes et les jambes où les ligaments n'existent plus. Quelques-uns désarticulés
Insectes	Rares et à l'état de chrysalides. Celles-ci, noyées dans l'eau qui a envahi la boîte, sont très molles. Elles ne peuvent supporter la moindre pression qui les réduit en bouillie.	Ceux qui sont facilement visibles, sont ailés et en quantité considérable. Ils recouvrent les parois de la boîte ainsi que le corps de l'animal et lui donnent l'aspect particulier de la chapelure.

Tous les insectes recueillis sur les deux sujets ont été placés dans des flacons. Ces flacons, bouchés et cachetés devant la Commission, seront envoyés à un entomologiste chargé d'en faire l'examen.

En résumé, la décomposition charnelle du mouton enfoui dans le sol non-préparé était seulement commencée.

Celle du mouton extrait de l'aménagement de M. Coupry, était très avancée et semblait, les conditions restant les mêmes, devoir être bientôt terminée.

Telles sont les constatations faites publiquement par la Commission à la fin de la première période des expériences du 27 mai au 16 décembre 1890, période de sécheresse rarement interrompue par la pluie.

* *

Pour répondre au désir exprimé à la première réunion et pour déterminer l'influence de la perméabilité plus ou moins grande du sol sur la décomposition cadavérique, les deux moutons, extraits et examinés aujourd'hui, ont été immédiatement remplacés par deux autres sujets, dont l'un pesant 18 kilog. 800 a été mis dans le sol naturel et recouvert de sable fin, et l'autre, du poids de 20 kilog. 500, a été enfoui dans le terrain préparé par les soins de M. Coupry et recouvert d'un mélange, par parties égales, de sable fin et de terre.

Il est décidé que le relèvement et l'examen en devront être faits dans six mois.

Signé : Gasnier, Jamin, Bordillon, Corbineau, Coupry
fils, Lemut, Guérin, Lechat-Boilève, Créton,
Mahé-Malin, Peschard, Pottier, Maillard, Cado,
Méloche, Benoist, Périnel, Cavalin, Genti-
Corp, Trouillard, Alliou.

CONSTATATIONS faites sur l'état d'un corps exhumé dans l'aménagement spécial système Coupry fils, 7 février 1891.

Ce corps avait été inhumé le 6 juin 1890. (Il y avait donc neuf mois seulement).

Cuir chevelu disparu, cheveux tombés autour du crâne.

Boîte crânienne complètement vide, face disparue.

Cou disparu.

Organes internes, poumons, cœur, foie, etc., disparus.

Viscères disparus.

Poitrine et autres parties du thorax, tissu musculaire disparus. Peau de la poitrine et du ventre existe en partie et est durcie.

Partie musculaire des bras, des jambes et des cuisses presque complètement disparue (*moins dans la partie des cuisses*).

Tissu graisseux en voie de décomposition avancée.

Absence complète d'odeur à l'ouverture du cercueil.

Le cercueil, en état de siccité, indique qu'il n'a dû être en aucun moment submergé par l'eau.

La terre au fond de la fosse n'est pas plus humide que celle à la surface du sol.

Quantité considérable de traces d'insectes dont l'activité semble suspendue, ce qui peut être attribué à l'époque de la saison où nous sommes, ou aux froids qui ont dû atteindre le cercueil placé tout auprès de l'aqueduc. (1).

Constatations faites par MM. Corbineau, adjoint au maire de Saint-Nazaire, et Coupry fils, architecte, en présence de Noël, fossoyeur.

COPIE d'une note communiquée par M. Corbineau, adjoint au maire de Saint-Nazaire, le 24 Avril 1891.

CONCESSIONS

Dates de l'inhumation		Dates de l'exhumation	
D	1868	1890 corps entier	
D	1879	1889 non décomposé	
M	1879	1890	—
B	1885	1890	—
D. C	1887	1890	—
E	1878	1890	—
H	1875	1890	—
Z	1886	1890	—

FOSSES COMMUNES

D. C	1885	1890 corps non décomposé	
S. N	1885	1890	—

Dix autres cadavres inhumés en 1885 ont été trouvés, après cinq ans, dans un état de conservation complète.

Les dates des exhumations indiquent que tous ces corps, à l'exception d'un seul, ont été relevés en 1890.

Or, les années précédentes, les mêmes constatations eussent pu être faites.

Il s'agit dans les cas rapportés ci-dessus de cadavres retrouvés entiers ou non désarticulés et recouverts de tissus musculaires, graisseux et cutanés.

Dans les fosses communes ouvertes tous les cinq ans, il est rare de trouver des corps complètement putréfiés. Le fossoyeur met toujours à découvert des masses plus ou moins grandes de gras de cadavres dont l'odeur rend le travail difficile et pénible.

---

(1) D'après l'opinion de M. le docteur Brouardel, la destruction cadavérique serait suspendue pendant l'hiver, par suite de l'engourdissement ou de l'absence des insectes.

OUVERTURE d'une bière en présence de MM. GASNIER, *maire ;* CORBINEAU, *adjoint ;* LEMUT ; COUPRY ; ROBINEAU ; TROUILLARD, *architecte de la Ville.*

Cette bière contenait le cadavre d'un homme de 38 ans, inhumé en juin 1890.

Nous avons trouvé les résultats suivants :

Tête séparée du tronc ;

Cuir chevelu disparu ;

Boîte crânienne complétement vide ;

Face disparue ;

Cheveux tombés presque en totalité au fond du cercueil ;

Organes contenus dans la partie thoracique : cœur, poumons disparus ;

Viscères disparus ;

Ligaments des articulations décomposés et disparus ;

Les tissus, cutané musculaire et graisseux, semblent avoir complétement disparu. Cependant, la présence de quelques vers et de quelques insectes recueillis sur la boîte crânienne et sur la partie supérieure du thorax indiquent que quelques fragments de ces tissus doivent encore exister bien que très peu apparents ;

Absence complète d'odeur au moment du relèvement et de l'ouverture du cercueil.

Nous avons constaté que les escarbilles placées sous le cercueil comme matière absorbante ne répandaient aucune odeur anormale et qu'elle n'était pas plus humide que le sol avoisinant ; qu'enfin le drain, mis à nu, avait bien fonctionné.

VILLE DE SAINT-NAZAIRE

RAPPORT

SUR

**L'Examen des Echantillons provenant des Expériences faites
à Saint-Nazaire**

PAR

M. COUPRY Fils, Architecte à Nantes

(Cimetières dits de l'Avenir)

Par Samuel BONJOUR

Nantes, 1er Mai 1891.

Le 26 décembre 1890...
....

* *
*

CONCLUSIONS. — De tout ce qui précède, il résulte que tandis que les eaux du sol naturel sont surchargées de micro-organismes de diverses sortes (sarcines, vibrions, spirilles, bactéries, bacilles, etc.) et que ses eaux, baignant le corps, s'opposant au développement des insectes qui jouent un rôle si important dans la décomposition du cadavre, retardent considérablement cette décomposition, *les corps enfouis selon le système de M. Coupry fils se désorganisent au contraire fort vite et sans dégager aucun miasme. Que ces corps demeurent secs et que dans ces conditions les insectes s'y développent très facilement en très grand nombre et y accomplissent un travail prompt et considérable.*

Le nombre des expériences faites à Saint-Nazaire et le soin avec lequel elles ont été conduites, me permet de penser que les résultats obtenus peuvent être considérés comme concluants.

Je dois même faire remarquer que si j'ai trouvé des bactéries septiques dans le flacon n° 3 (eau puisée à l'extrémité des drains de l'aménagement), il ne faudrait pas conclure nécessairement à un contact de ces eaux avec les corps enfouis ; en effet, le terrain dans lequel les expériences ont été faites sert depuis trente ans au moins aux inhumations les plus primitives.

Dès lors, comment s'étonner si les eaux qui s'en écoulent par le drainage contiennent des bactéries septiques.

Bien plus, le petit nombre de ces micro-organismes autorise à penser que si les expériences eussent été faites dans un sol n'ayant jamais servi à des inhumations, on n'eût pas trouvé du tout de micro-germes dans les eaux du drainage de l'aménagement.

En somme, il ne me semble exister qu'un seul système préférable à celui de M. Coupry, la Crémation. Celle-ci constitue à coup sûr le moyen le plus radical de couper court aux dangers que les nécropoles font courir à la santé publique.

Mais comme il est malheureusement improbable que, d'ici bien longtemps, ce procédé passe dans nos mœurs, force nous est donné d'y renoncer ; mais en y renonçant, nous pouvons améliorer l'état actuel des choses, nous le devons à tous égards ; il faut donc modifier nos cimetières et, à ce point de vue, on ne saurait méconnaître le grand progrès réalisé par M. Coupry, dont les plans ont été si bien conçus et exécutés que l'expérience a donné des résultats supérieurs encore à ceux que l'on pouvait en attendre.

SAMUEL BONJOUR.

EXTRAIT DU REGISTRE DES DÉLIBÉRATIONS

DU

Conseil municipal de la ville de Saint-Nazaire

Séance du 6 Mars 1891

Le Conseil municipal de Saint-Nazaire s'est réuni à l'Hôtel de la Mairie de cette ville dans la salle ordinaire de ses délibérations, en session extraordinaire, sous la présidence de M. F. Gasnier, maire.

Étaient présents : MM. de Sainte-Croix, Peschard, Denghin, Bernard, Gourdon, Créton, Maillard, Mahé-Malin, Pierre Dumas, Corbineau, Sorin, Evain, Boyée, Couronné, de Roux, Wieczssinski, Ollivaud, Berthaud, d'Azac, Pottier, formant la majorité absolue des membres élus.

M. Evain est élu secrétaire.

II. — Nouveau cimetière de Saint-Nazaire ; inhumations. Procédé Coupry — Projet.

M. le Maire entretient l'assemblée des expériences dont a fait l'objet le procédé d'inhumation présenté à la ville par MM. Coupry fils, inventeur, et Lemut et Guérin, entrepreneurs.

Les constatations faites sont absolument à l'avantage du procédé. Elles permettent, en un mot, d'espérer que les résultats définitifs seront des plus satisfaisants.

Si l'invention est bonne, il s'offre, dit M. le Maire, une occasion excellente d'en faire l'application. Il fait allusion à la création d'un nouveau cimetière près le Château-d'Eau. Sans prendre d'engagements d'aucune sorte envers MM. Coupry, Lemut et Guérin, M. le Maire est d'avis de demander à ces Messieurs un projet sur le vu duquel le Conseil municipal prendrait une décision. En réalité, ce projet en constituerait deux. Sur un plan développé du terrain et des alentours, les inventeurs devront donc se livrer à une première étude, en supposant aux eaux leur écoulement naturel vers les marais de la Grande-Brière par Toutes-Aides et en recherchant un moyen efficace d'enlever à ces eaux toute action délétère. Dans l'espèce, on conserverait au sol sa configuration actuelle.

La deuxième étude aurait pour objet la conduite des eaux dans le grand collecteur de la ville, par le boulevard projeté de l'Hôpital. Dans cette hypothèse-ci, les auteurs du projet auront à prévoir des terrassements assez importants pour obtenir une pente dirigée sur le côté sud-est du terrain du cimetière.

Si la condition mise à son exécution n'est pas impraticable, la première des combinaisons précitées paraît à M. le Maire infiniment préférable à l'autre ; d'abord parce qu'elle écarte toute préoccupation d'insuffisance de débit par l'égout collecteur, et ensuite parce qu'elle donnerait vraisemblablement lieu à une dépense beaucoup moins considérable que la seconde.

En tous cas, le devis devra comprendre séparément l'évaluation des travaux de terrassement et d'aménagement, de façon que, le cas échéant, la division du projet puisse être effectuée sans difficulté.

La quantité de fosses à aménager serait d'environ trois mille fosses.

MM. Coupry, Lemut et Guérin devraient enfin faire connaître à la Municipalité s'ils sont disposés à accorder à la ville des délais de paiement, et de quelle durée.

Les propositions qui précèdent sont, après discussion, acceptées par le Conseil.

Pour extrait conforme :
Le Maire.

PROJET d'un Nouveau CIMETIÈRE à TOUTES-AIDES

D'après le système P. COUPRY Fils, Architecte à Nantes

EXPOSÉ ET DEVIS DESCRIPTIF

(Voir planches C et D).

Le terrain choisi par l'Administration, situé sur le chemin vicinal de la Motte, affecte la forme générale d'un quadrilatère irrégulier un peu plus long que large et dont le côté à l'Est sera sur le boulevard prolongé de l'Hôpital ; c'est sur ce côté que se trouvera l'entrée principale du cimetière.

Le côté Sud sera formé par le chemin de la Motte légèrement modifié. Une autre entrée du cimetière sera réservée sur ce chemin.

Le côté Ouest, en ligne brisée, forme dans sa partie centrale un renfoncement très accentué auquel nous avons réservé la destination de lieux de dépôt pour les matériaux ou objets provenant de la démolition des tombes. Le fourneau destiné à brûler les gaz y trouvera également sa place.

Le côté Nord est formé d'une ligne légèrement brisée en deux endroits.

Les côtés Ouest et Nord avoisinent des propriétés privées.

La topographie générale actuelle du terrain est celle d'un plan incliné du Sud au Nord et de l'Est à l'Ouest. Le point le plus haut est situé à l'Est (cote 3 mètres 94) et le point le plus bas au Nord-Ouest (cote 7 mètres 97), soit une différence de niveau de 4 mètres en chiffre rond.

Ceci exposé,

Il nous reste à examiner quel est le meilleur parti à tirer de ce terrain admirablement situé d'ailleurs pour aménager un cimetière offrant tous les avantages recherchés par l'Administration municipale de Saint-Nazaire.

Nous devons reconnaître d'abord qu'il y a lieu de procéder à un nivellement général, qui, tout en conservant aux pentes naturelles du terrain leurs directions actuelles, viendrait adoucir considérablement leur rapidité au moyen d'un léger déblai à la partie supérieure et d'un remblai d'environ un mètre cinquante de la partie basse, remblai qui viendrait s'amortir à zéro vers les parties hautes.

Cette première disposition nous a semblé la plus rationnelle par ce motif qu'elle est la plus économique et qu'elle nous permet, ainsi que le démontrent les plans ci-annexés, de répondre aux desiderata qui nous ont été demandés par l'Administration de la ville de Saint-Nazaire.

Maintenant, il ne nous reste plus à faire qu'une description succincte du projet que nous avons élaboré, description à laquelle nos plans suppléeraient au besoin.

Nous divisons le terrain en quatre grandes sections formées par deux allées de neuf mètres de largeur, se coupant perpendiculairement l'une l'autre ; ces allées plantées d'arbres verts aboutissent à leur croisement à un grand rond-point au centre duquel se trouvera l'ossuaire.

Des allées collatérales ou contre-allées de trois mètres de largeur existeront dans toute la longueur de la grande allée partant de l'entrée principale et laissant entre elles et cette grande allée des bandes de terrains destinées aux concessions perpétuelles.

Une douve de circonvallation faisant tout le tour du cimetière et l'isolant conformément à notre système spécial d'aménagement des terrains circonvoisins, est séparée par une bande de terrain de l'allée de circonvallation ; cette bande de terrain est aussi destinée aux concessions dont les monuments formeront un encadrement du meilleur effet autour de ce champ des morts.

Enfin, des allées de trois mètres de largeur, parallèles et perpendiculaires aux grandes allées, subdivisent le terrain en vingt carrés destinés aux fosses communes.

Toutefois une bande du terrain de ces carrés est réservée sur certaines allées pour les concessions qui viendraient concourir par leur symétrie à l'effet général que nous nous sommes appliqués à rechercher afin de donner à l'ensemble du cimetière un aspect aussi imposant que grandiose.

Nous compléterons l'exposé de ces dispositions générales en disant que la surface de terrain réservé aux concessions est de 3,426 mètres et celui affecté aux fosses communes est de 10,820 mètres et que respectivement ces quantités sont très suffisantes pour assurer le service du cimetière de Saint-Nazaire, même en prévoyant un accroissement d'un quart de la population.

Nous ajouterons que dans notre projet une conciergerie convenable est placée à l'entrée principale du cimetière et, en face, un magasin destiné à recevoir les dépôts de couronnes ou autres objets faits par les familles et aussi les outils et le matériel du fossoyeur. Des W. C. sont adossés à ce magasin.

Au point de vue de l'écoulement des eaux, nous avons été amenés à adopter un système qui consisterait à envoyer par la partie Nord-Ouest du cimetière toutes les eaux provenant des terrains circonvoisins et arrêtées dans la douve de circonvallation ainsi que celles tombant du ciel dans les allées du cimetière ou aux abords des concessions, ces eaux, qui sont indiquées au plan général par une teinte bleue, ne pouvant être suspectées d'aucune contamination.

Quant aux eaux provenant des aménagements des fosses communes, il nous a semblé utile, par surcroît de précaution, de les capter séparément et de les envoyer dans l'égout collecteur que la Ville se propose de prolonger sur le boulevard de l'Hôpital, de telle sorte que par ces dispositions toute garantie nous semble donnée à la salubrité publique.

Disons pour finir que nous espérons voir utiliser par les familles la douve de circonvallation de la façon rationnelle que nous avons indiquée dans les brochures contenant l'exposé de notre système en y construisant des caveaux dont le service se ferait par cette douve même au fur et à mesure des besoins, tandis que les monuments dont elles veulent honorer leurs morts, aspecteraient l'allée de circonvallation parallèle à la douve.

De même, sous les contre-allées parallèles à la grande allée venant de l'entrée du cimetière, nous préconisons la construction de galeries souterraines, ainsi que l'indiquent nos plans; ces galeries, à la charge des familles, seraient très peu onéreuses pour elles relativement au service qu'elles en retireraient.

14 Avril 1891.

P. COUPRY.

LES CIMETIÈRES DE L'AVENIR

Système P. COUPRY Fils

BREVETÉ S. G. D. G.

DIPLOME D'HONNEUR PARIS 1888

VILLE DE NANTES — Département de la Loire-Inférieure

CIMETIÈRE DE MISÉRICORDE

(Voir planches E et F).

EXPOSÉ de M. COUPRY à M. JAMIN, adjoint au maire de Nantes

En présence de MM. Jolly, chef de division de la Préfecture spécialement délégué par M. le Préfet de la Loire-Inférieure ; Jollon, Jourdanne et Bordillon, conseillers municipaux de la ville de Nantes ; Mignault, inspecteur des cimetières, et des représentants de la Presse ;

A l'occasion de la présentation officielle par MM. Coupry, Lemut et Guérin, de l'aménagement de 204 fosses communes exécuté par eux d'après le système spécial Coupry au cimetière de Miséricorde :

Monsieur l'Adjoint,

Nous avons l'honneur de vous présenter ces travaux d'aménagement, que votre dévouement aux intérêts publics a su obtenir du Conseil municipal. Vous étiez, il est vrai, convaincu de leur utilité et de leur efficacité, les expériences de Saint-Nazaire, que vous avez suivies avec vos collègues, MM. Bordillon et Jourdanne, vous ayant éclairé. — Permettez-nous de vous remercier de l'insistance que vous avez mise près de M. le Maire pour obtenir que nous fassions ces travaux.

Messieurs,

Si nous avons demandé que la remise de notre premier travail d'aménagement à Nantes soit faite en votre présence, c'est que nous avons cette conviction profonde que l'application de notre système d'aménagement est appelé à rendre à notre ville et à toutes celles qui l'appliqueront les plus grands services.

Aux points de vue :

1° De l'hygiène publique ;

2° De la décence des inhumations et, par suite, de la satisfaction qui en résultera pour tous nos concitoyens ;

3° Enfin de l'économie.

Nous vous prions, Messieurs, de vouloir bien nous permettre de vous exposer très brièvement combien les desiderata que nous affirmons sont fondés.

L'eau dans tous nos cimetières en général, et dans ceux de Nantes en particulier, règne en maîtresse : tous nos morts qui reposent ici sont dans l'eau, à quelques rares exceptions près. Or, si l'on songe que l'eau (la science l'a prouvé) est la propagatrice par excellence des maladies contagieuses, n'est-il pas inquiétant de voir que des milliers et des milliers de cadavres sont sans cesse submergés à partir du jour de leur inhumation, et que l'eau qui les baigne doit s'en aller, par la force des choses, dans les puits et dans les cours d'eau où nous puisons tous les jours pour notre alimentation, buvant ainsi de l'infusion de cadavres ?

Mais n'insistons pas davantage sur ce point par trop pénible et examinons celui de la décence des inhumations.

Eh bien, Messieurs, nous savons tous, pour l'avoir éprouvé nous-mêmes, combien est répulsive la pensée que les corps de nos parents morts sont plongés dans la vase et dans l'eau ; c'est indéniable, cette répulsion existe dans l'idée de chacun, dans toutes les classes de la société ; on pourrait dire qu'elle est innée et qu'elle procède autant de l'instinct de la conservation, qui nous porte à vouloir partout l'eau pure et claire, que de l'idée que son contact est une souillure aux dépouilles des êtres qui nous sont chers.

Si nous passons à la question économique qui est, elle aussi, bien digne de notre attention, nous reconnaîtrons que l'application de notre système, loin d'être dispendieuse, est appelé au contraire à donner encore sur ce point les meilleurs résultats, ainsi que j'espère le prouver tout à l'heure.

Laissez-moi d'abord vous lire la première page du rapport de MM. Brouardel, du Mesnil et Ogier, spécialement délégués par M. le Préfet de la Seine, sur les expériences si concluantes faites à Saint-Nazaire.

« Depuis un demi-siècle le développement considérable pris par
» l'industrie sur le continent a provoqué des modifications profondes
» dans la répartition de la population sur les différents points du terri-
» toire. Grâce à la multiplicité et à la rapidité des moyens de commu-
» nication, les individus autrefois fixés au sol qui les avait vu naître,
» se sont déplacés individuellement ou par groupes, s'orientant vers
» quelques points d'élection où ils savaient trouver un travail plus ré-
» munérateur, des facilités de vie plus grandes, des satisfactions intel-
» lectuelles d'un ordre plus élevé.

» Après un séjour plus ou moins long dans les grands centres de
» population, certains regagnent leur pays d'origine pour y jouir du
» fruit de leur labeur ; mais un grand nombre restent dans les villes,
» où ils ont pris droit de cité à la période active de leur vie, où ils ont
» contracté des habitudes, des relations qui les rivent à leur patrie d'a-
» doption.

» De là l'accroissement incessant de la population dans les villes,

» de là aussi pour les hygiénistes des préoccupations de toute nature,
» qu'il s'agisse de veiller à la salubrité de l'habitation, de l'alimen-
» tation de tout ce monde, ou bien d'éloigner des centres habités les
» matières résiduaires, les produits usés, ou d'aménager les champs
» de repos dans lesquels sont déposés les débris humains après la
» mort.

» **Faute d'y songer à temps ou de trouver des solutions ac-**
» **tivant la destruction de ces produits, on verrait se res-**
» **treindre insensiblement l'espace réservé aux vivants au**
» **profit des morts, et les grands centres de population se**
» **trouveraient peu à peu enserrés dans une ceinture de débris**
» **accumulés des générations disparues. »**

Vous pouvez constater, aujourd'hui, vous-mêmes, Messieurs, la jus-
tesse et l'à-propos de ces préliminaires Voyez ici même les accroissements successifs et incessants que les villes sont obligées de faire à
leurs cimetières ; et pourtant, Messieurs, si vous saviez tout, vous ver-
riez que partout ces accroissements eussent dû être beaucoup plus
considérables ; les expédients qui ont dû être employés jusqu'à ce
jour pour les retarder, sans pouvoir les éviter, ne doivent plus se re-
nouveler ; il est par conséquent, dès aujourd'hui, indispensable d'assurer la reprise des terrains des fosses communes à l'expiration des délais fixés par la loi ; or, ce résultat, notre système permet grandement
de l'obtenir même dans les terrains impropres à la création des cimetières, ainsi que l'établissent MM. Brouardel du Mesnil et Ogier dans
leur rapport sur les expériences de Saint-Nazaire déjà citées.

Messieurs, les questions d'économie ne se démontrent péremptoire-
ment que par des chiffres appuyés sur des données connues, nos expériences ayant prouvé irréfutablement que la reprise des terrains amé-
nagés d'après notre système peut toujours se faire normalement sans
superpositions ; nous avons dressé en conséquence pour la ville de
Saint-Nazaire, sur la demande de M. le Maire et du Conseil municipal
de cette ville, un projet complet d'aménagement d'après notre système
spécial. Or le terrain où nous devons créer ce nouveau cimetière est
d'une contenance totale de 22,300 mètres carrés qui se trouveront
ainsi répartis : 10,820 mètres pour les fosses communes et 3,426 mètres pour les concessions ; les 7,394 mètres restants sont employés
pour l'ossuaire, les murs de clôture, les allées, la conciergerie et les
diverses dépendances.

L'aménagement des fosses communes prévues, au nombre de trois
mille fosses, est largement suffisant pour assurer perpétuellement le
service des inhumations de la ville de Saint-Nazaire, même en admettant un accroissement de la population de 25 % dans un temps relativement court. L'aménagement de ces 3,000 fosses communes revien-
dra à la ville à soixante mille francs. Si nous répartissons cette dé-

pense sur la contenance totale du terrain du nouveau cimetière, qui est, nous le répétons, de 22,300 mètres, la dépense supplémentaire par mètre carré ne ressort donc qu'à deux francs soixante-dix centimes. Est-il besoin de se demander si une Municipalité pourrait, en présence d'un terrain remplissant naturellement les conditions de salubrité et de décence qu'offre notre aménagement artificiel pour la création ou l'agrandissement des cimetières, hésiter un seul instant à le préférer à tout autre, en admettant même qu'il y eût encore un plus grand écart que ces 2 fr. 70 entre les prix respectifs de ce terrain imaginaire, naturellement bon pour la création d'un cimetière, et celui sur lequel nous nous trouvons en ce moment.

Messieurs, notre œuvre serait certainement incomplète si nous nous étions bornés à assurer aux fosses communes les avantages que nous venons de vous signaler. Aussi avons-nous créé pour les concessions un aménagement spécial qui assurera aux familles privilégiées de la fortune la possibilité de déposer également à l'abri de tout contact avec les eaux les corps de leurs parents morts, satisfaction qui ne saurait leur être refusée et que nous avons l'espoir de pouvoir leur donner bientôt si, comme nous n'en doutons pas, M. le Maire veut bien nous en faciliter les moyens.

23 Décembre 1891.

P. COUPRY.

TABLE DES MATIÈRES

VILLE DE NANTES
CIMETIÈRE DE MISÉRICORDE
Troisième section à partir de l'Avenue Pingrié

---✛---

AMÉNAGEMENT DE 204 FOSSES COMMUNES
d'après le Système **P. COUPRY Fils**, Architecte à Nantes

(Voir pages 41 et suivantes)

Coupe au $\frac{1}{50}$ du mur de circonvallation

du côté de l'Aqueduc collecteur des petits aqueducs.

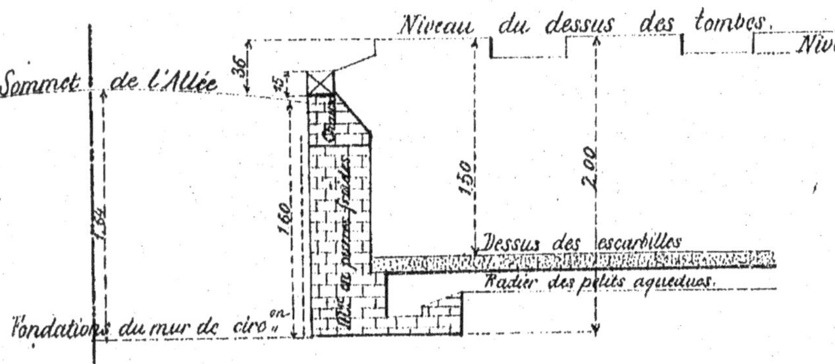

Coupe au $\frac{1}{50}$ des murs de circonvallation

des trois autres côtés de la Section c.-à-d. du carré

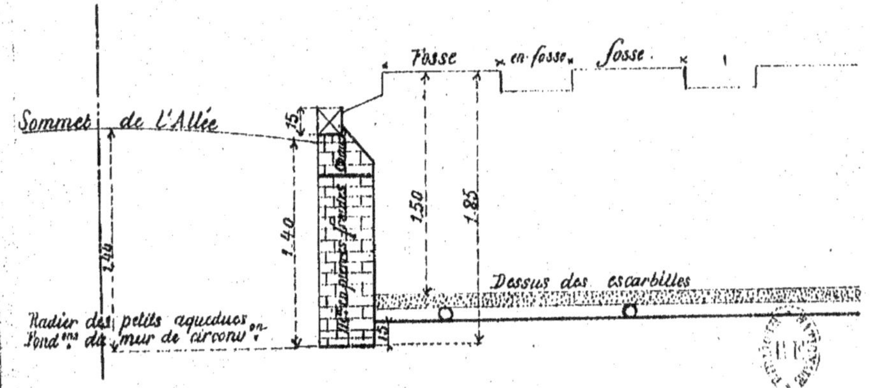

Planche F.

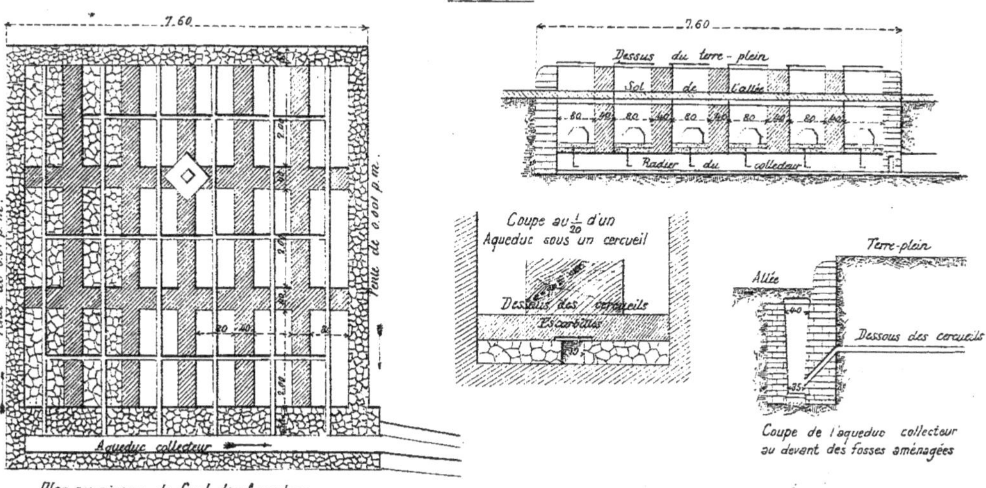

VILLE DE SAINT-NAZAIRE
DÉPARTEMENT DE LA LOIRE-INFÉRIEURE
EXPÉRIENCES POUR L'AMÉNAGEMENT DES CIMETIÈRES
Système P. COUPRY Fils, Architecte à Nantes
PLANS ET COUPES DES TRAVAUX EXÉCUTÉS DANS LE CIMETIÈRE
(Voir pages 21 et suivantes)
Coupe transversale.
7.60
7.60
Dessus du terre-plein
Sol de l'allée
80 40 80 40 80 40 80 40 80 40
Radier du collecteur
Coupe au 1/20 d'un
Aqueduc sous un cercueil
Dessus des cercueils
Escarbilles
Terre-plein
Allée
Dessous des cercueils
Coupe de l'aqueduc collecteur
au devant des fosses aménagées
Aqueduc collecteur
Plan au niveau du fond des Aqueducs.
Echelle 0.01 p.m.
Planche A.

d'après le Système F. COUPRI fils, Architecte à Nantes

PLANS et COUPE des TRAVAUX EXÉCUTÉS dans la PRAIRIE
de l'HOSPICE AVOISINANT le CIMETIÈRE

(Voir pages 24 et suivantes)

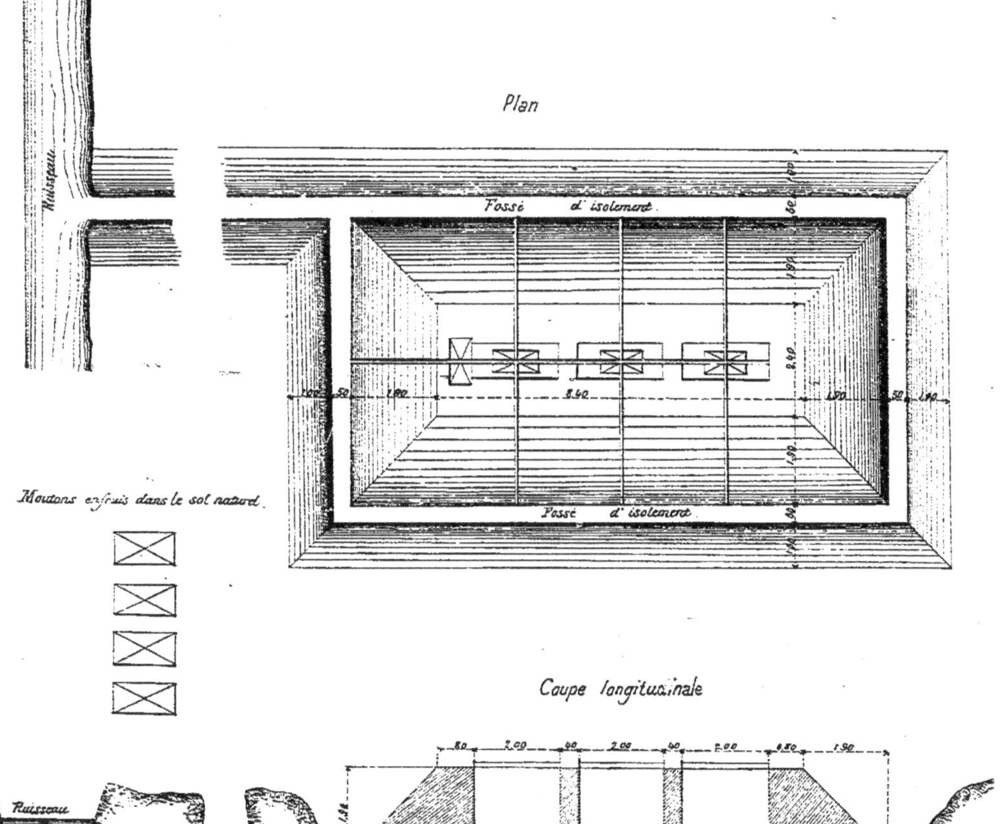

Planche B.

VILLE DE NANTES
CIMETIÈRE DE MISÉRICORDE
Troisième section à partir de l'Avenue Pingrié

AMÉNAGEMENT DE 204 FOSSES COMMUNES
d'après le Système P. COUPRY Fils, Architecte à Nantes

(Voir pages 41 et suivantes)

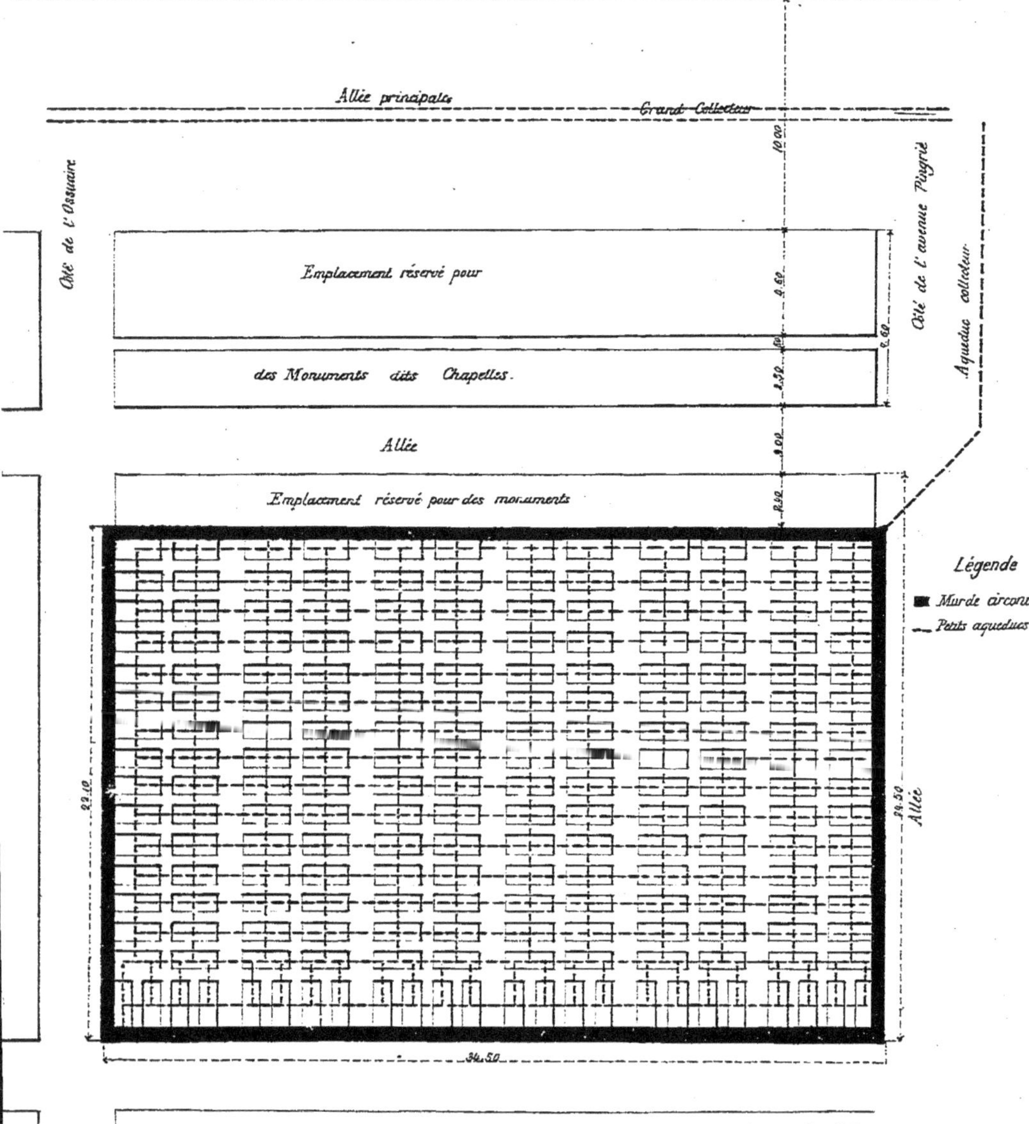

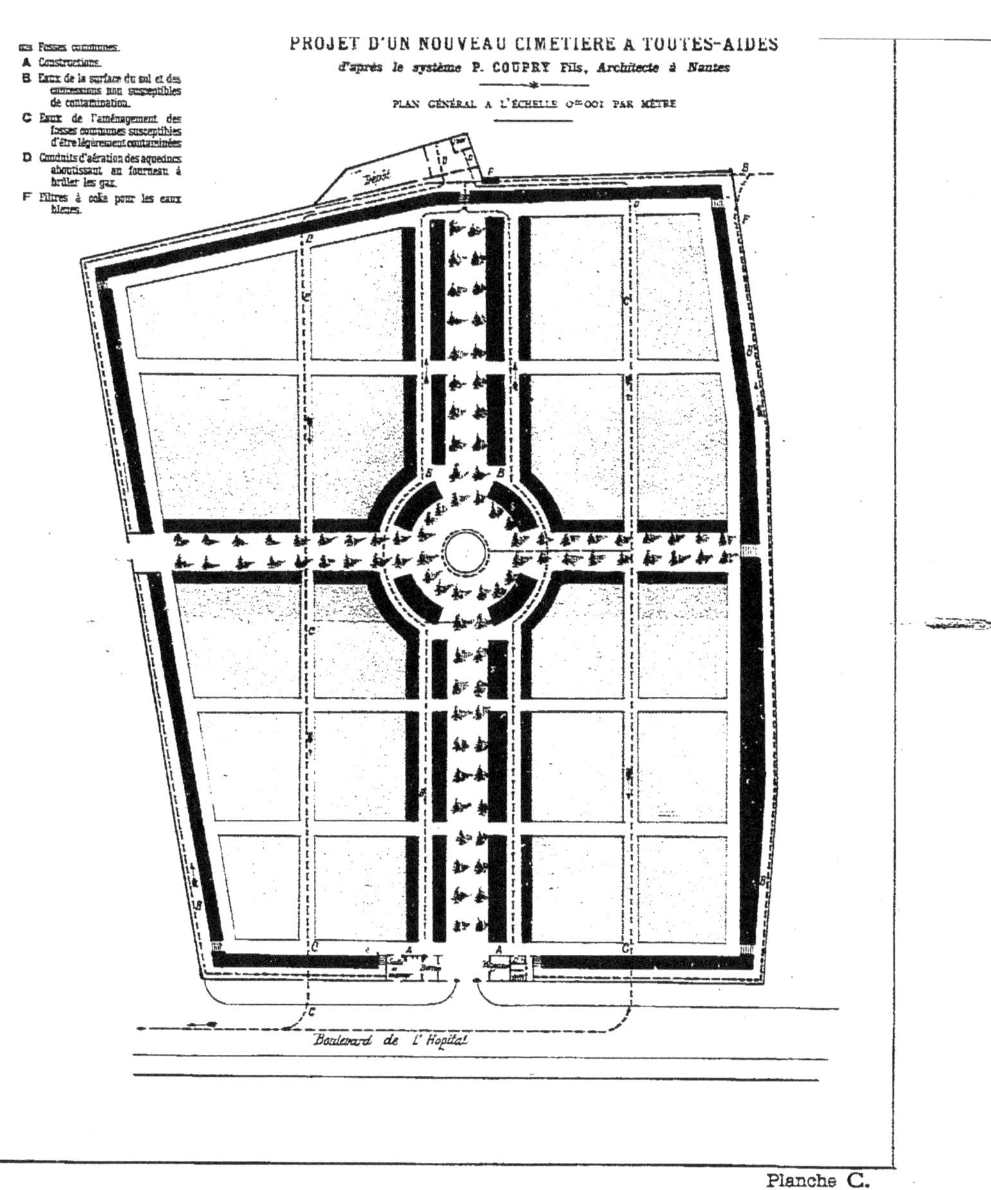

Planche C.
(Voir pages 37 et suivantes).

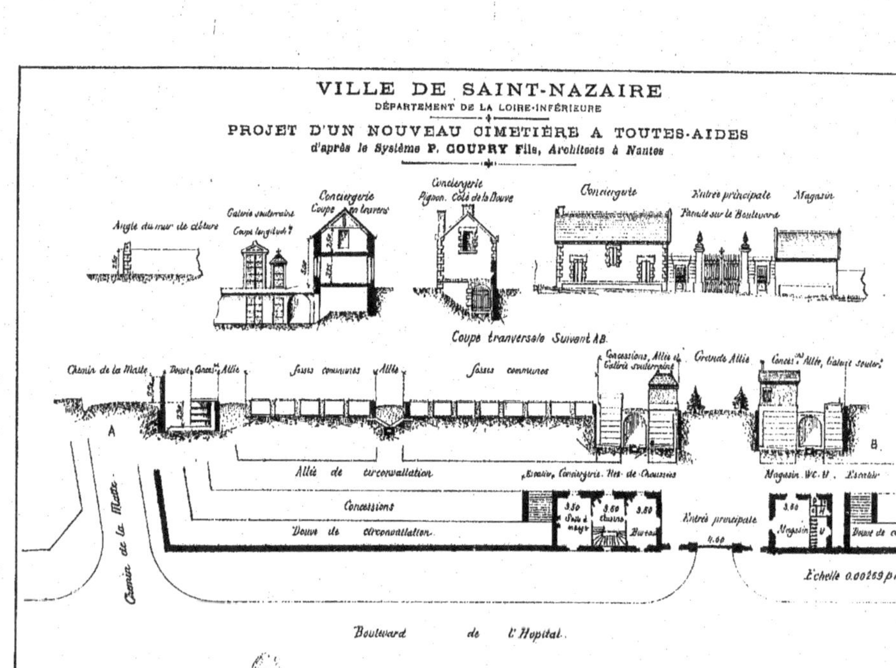

VILLE DE SAINT-NAZAIRE
DÉPARTEMENT DE LA LOIRE-INFÉRIEURE
PROJET D'UN NOUVEAU CIMETIÈRE A TOUTES-AIDES
d'après le Système P. COUPRY Fils, Architects à Nantes
Angle du mur de clôture
Galerie souterraine
Coupe longitud.l
Conciergerie
Coupe en travers
Conciergerie
Pignon. Coté de la Douve
Conciergerie
Entrée principale
Façade sur le Boulevard
Magasin
Coupe tranversale suivant AB.
Chemin de la Motte
Douve, Grande Allée
Fosses communes
Allée
Fosses communes
Concessions, Allée et
Galerie souterraine
Grande Allée
Concess.ns Allée, Galerie souter.e
A
B
Allée de circonvallation
Escalier, Conciergerie. Rez-de-Chaussée
Magasin. W.C. V. Escalier
Concessions
Douve de circonvallation
Entrée principale
4.00
Magasin V
Douve de circonv.ation
3.50
Puits d'aisan.
3.60
Escalier
3.50
Bureau
3.80
Echelle 0.00259 p/l.r
Boulevard de l'Hôpital.
Planche D.
(Voir pages 37 et suivantes)

www.ingramcontent.com/pod-product-compliance
Lightning Source LLC
LaVergne TN
LVHW010319030726
842520LV00004B/1166